Benedikt XVI.

Wahrhaft auferstanden

»Hymnen über die Auferstehung«
von Ephraim dem Syrer:

»Aus der Höhe ist er herabgestiegen als Herr,
aus dem Schoß ist er hervorgegangen als Knecht,
der Tod kniete vor ihm nieder in der Scheol,
und das Leben hat ihn angebetet in seiner Auferstehung.
Gepriesen sei sein Sieg!«
(Nr. 1,8).

BENEDIKT XVI.

WAHRHAFT AUFERSTANDEN

Das Ostergeheimnis gedeutet

benno

Bibliografische Information der Deutschen Nationalbibliothek
Die Deutsche Nationalbibliothek verzeichnet diese Publikation in der Deutschen Nationalbibliografie; detaillierte bibliografische Daten sind im Internet unter http://dnb.d-nb.de abrufbar.

ISBN 978-3-7462-4639-0

Zusammenstellung: Volker Bauch, Leipzig
Umschlaggestaltung: BIRQ DESIGN, Leipzig
Gesamtherstellung: Kontext, Lemsel (A)

Inhalt

Die Bedeutung der Osterzeit

»Et resurrexit tertia die secundum Scripturas – Er ist am dritten Tage auferstanden nach der Schrift.« Jeden Sonntag erneuern wir mit dem Credo das Bekenntnis unseres Glaubens an die Auferstehung Christi, jenes erstaunliche Ereignis, das den Schlussstein des Christentums bildet. In der Kirche begreift man alles von diesem großen Geheimnis her, das den Lauf der Geschichte verändert hat und bei jeder Eucharistiefeier gegenwärtig wird. Es gibt jedoch eine Zeit des Kirchenjahres, in der diese zentrale Wirklichkeit des christlichen Glaubens in ihrem lehrmäßigen Reichtum und ihrer unerschöpflichen Lebenskraft den Gläubigen noch eindringlicher dargeboten wird, damit sie sie immer intensiver wiederentdecken und getreuer leben: Das ist die Osterzeit. Jedes Jahr an den heiligen drei Tagen, dem »Heiligen Triduum des gekreuzigten, gestorbenen und auferstandenen Christus«, wie der hl. Augustinus sie nennt, durchläuft die Kirche in einer Atmosphäre des Gebets und der Buße von neuem die letzten Stationen des Erdenlebens Jesu: seine Verurteilung zum Tod, den Aufstieg zum Kalvarienberg, wobei er das Kreuz trägt, seinen Opfertod für unser Heil, seine Grablegung. Am »dritten Tag« lässt die Kirche dann seine Auferstehung wieder lebendig werden: Es ist Ostern, der Übergang Jesu vom Tod zum Leben, in dem sich die alten Prophezeiungen voll erfüllen. Die ganze Liturgie der Osterzeit besingt die Gewissheit und Freude über die Auferstehung Christi.
[...] Wir müssen unsere Bindung an den für uns gestorbenen und auferstandenen Christus beständig erneuern: Sein Ostern ist auch unser Ostern, da uns im auferstandenen Christus die Gewissheit

unserer Auferstehung geschenkt wird. Die Nachricht von seiner Auferstehung von den Toten veraltet nicht, und Jesus ist immer lebendig; und lebendig ist sein Evangelium. »Der Glaube der Christen«, sagt der hl. Augustinus, »ist die Auferstehung Christi«. Die Apostelgeschichte erklärt das mit aller Deutlichkeit: »Gott hat vor allen Menschen Jesus dadurch ausgewiesen, dass er ihn von den Toten auferweckt hat« (17,31). Um zu beweisen, dass Jesus wahrhaftig der Sohn Gottes, der erwartete Messias ist, reichte in der Tat der Tod nicht aus. Wie viele Menschen haben im Laufe der Geschichte für eine für gerecht gehaltene Sache ihr Leben aufgeopfert und sind gestorben! Und tot sind sie geblieben. Der Tod des Herrn beweist die unermessliche Liebe, mit der er uns geliebt hat, bis hin zum Opfer für uns; aber erst seine Auferstehung ist der »sichere Beweis«, ist die Gewissheit, dass alles, was er sagt, die Wahrheit ist, die auch für uns, für alle Zeiten gilt. Dadurch dass ihn der Vater auferweckte, hat er ihn verherrlicht. So schreibt der hl. Paulus im Brief an die Römer: »Wenn du mit deinem Mund bekennst: ›Jesus ist der Herr‹ und in deinem Herzen glaubst: ›Gott hat ihn von den Toten auferweckt‹, so wirst du gerettet werden« (10,9).

Der Tod des Herrn beweist die unermessliche Liebe, mit der er uns geliebt hat.

Es ist wichtig, diese grundlegende Wahrheit unseres Glaubens zu bekräftigen, deren historische Wahrheit ausführlich belegt ist, auch wenn es heute wie in der Vergangenheit nicht an jenen fehlt, die sie auf verschiedene Weise in Frage stellen oder gar leugnen. Das Schwinden des Glaubens an die Auferstehung Jesu schwächt daher das Zeugnis der Gläubigen. Denn wenn in der Kirche der Glaube an die Auferstehung abnimmt, kommt alles zum Stillstand, fällt alles auseinander. Umgekehrt verwandelt die Zustimmung des Herzens und des Geistes zu dem gestorbenen und auferweckten Christus das Leben und erleuchtet das ganze Dasein der Menschen und Völker. Verleiht etwa nicht die Gewissheit, dass Christus auferstanden ist, den Märtyrern jeder Epoche

Mut, prophetische Unerschrockenheit und Ausdauer? Vermag etwa nicht die Begegnung mit dem lebendigen Jesus so viele Männer und Frauen zu bekehren und zu faszinieren, die seit den Anfängen des Christentums alles verlassen, um ihm zu folgen und ihr Leben in den Dienst des Evangeliums zu stellen? »Ist aber Christus nicht auferweckt worden« – sagte der Apostel Paulus –, »dann ist unsere Verkündigung leer und euer Glaube sinnlos« (1 Kor 15,14). Aber er ist auferweckt worden!

[...] Jesus ist auferstanden, er ist der Lebendige, und wir können ihm begegnen. So wie ihm die Frauen begegnet sind, die sich am Morgen des dritten Tages, dem Tag nach dem Sabbat, zum Grab begeben hatten; so wie ihm die Jünger begegnet sind, die überrascht und verstört über das waren, was ihnen die Frauen berichtet hatten; so wie ihm viele andere Zeugen in den Tagen nach seiner Auferstehung begegnet sind. Und auch nach seiner Himmelfahrt ist Jesus weiterhin unter seinen Freunden gegenwärtig geblieben, wie er es im Übrigen verheißen hatte: »Ich bin bei euch alle Tage bis zum Ende der Welt« (Mt 28,20). Der Herr ist bei uns, bei seiner Kirche bis ans Ende der Zeiten. Die Glieder der Urkirche haben, nachdem sie vom Heiligen Geist erleuchtet worden waren, begonnen, offen und ohne Furcht die österliche Botschaft zu verkündigen. Und diese Botschaft, die von Generation zu Generation weitergegeben wurde, ist bis zu uns gelangt und erschallt jedes Jahr zu Ostern mit immer neuer Macht.

Jesus ist auferstanden, er ist der Lebendige.

Besonders in dieser Osteroktav lädt uns die Liturgie dazu ein, dem Auferstandenen persönlich zu begegnen und in den Ereignissen der Geschichte und unseres täglichen Lebens sein belebendes Wirken zu erkennen. So wird uns zum Beispiel [...] wieder die ergreifende Episode von den zwei Emmausjüngern berichtet (vgl. Lk 24,13–35). Versunken in Traurigkeit und Enttäuschung nach der Kreuzigung Jesu machten sie sich tief betrübt auf den Heimweg. Unterwegs sprachen sie miteinander über das, was in jenen Tagen in Jerusalem geschehen war. Da trat Jesus zu ihnen, begann mit ihnen zu reden und sie zu belehren: »Begreift ihr denn nicht? Wie schwer fällt es euch, alles zu glauben, was die Propheten gesagt haben. Musste nicht der Messias all das erleiden, um so in seine Herrlichkeit zu gelangen?« (Lk 24,25–26). Und ausgehend von Mose und allen Propheten legte er ihnen dann dar, was sich in der gesamten Schrift auf ihn bezog. Die Unterweisung Christi – die Erklärung der Prophezeiungen – war für die Emmausjünger gleichsam eine unerwartete, leuchtende und trostreiche Offenbarung. Jesus gab ihnen einen neuen Schlüssel für die Lektüre der Bibel, und alles erschien jetzt klar, genau auf diesen Augenblick hin ausgerichtet. Ergriffen von den Worten des unbekannten Wanderers baten sie ihn, zum Abendessen bei ihnen zu bleiben. Und er nahm die Einladung an und setzte sich mit ihnen zu Tisch. Der Evangelist Lukas berichtet: »Und als er mit ihnen bei Tisch war, nahm er das Brot, sprach den Lobpreis, brach das Brot und gab es ihnen« (Lk 24,30). Und in diesem Augenblick gingen den zwei Jüngern die Augen auf und sie erkannten ihn, aber »dann sahen sie ihn nicht mehr« (Lk 24,31). Und voller Staunen und Freude sagten sie zueinander: »Brannte uns nicht das Herz in der Brust, als er unterwegs mit uns redete und uns den Sinn der Schrift erschloss?« (Lk 24,32).

Alles spricht von ihm.

Der Herr ist im ganzen Kirchenjahr, besonders aber in der Karwoche und in der Osterwoche mit uns unterwegs und erklärt uns die Schrift, lässt uns dieses Geheimnis begreifen: Alles spricht von ihm. Und das sollte auch unsere Herzen brennen lassen, so dass auch uns die Augen aufgehen können. Der Herr ist bei uns, er zeigt uns den wahren Weg. Wie die beiden Jünger Jesus am Brotbrechen erkannten, so erkennen auch wir beim Brechen des Brotes seine Gegenwart. Die Emmausjünger erkannten ihn wieder und erinnerten sich an Momente, wo Jesus das Brot gebrochen hatte. Und dieses Brotbrechen lässt uns an die erste Eucharistie denken, die im Rahmen des Letzten Abendmahls gefeiert wurde, wo Jesus das Brot brach und so seinen Tod und seine Auferstehung vorwegnahm, indem er sich selbst den Jüngern hingab. Jesus bricht das Brot auch mit uns und für uns, er wird in der Heiligen Eucharistie bei uns gegenwärtig, er gibt sich uns hin und öffnet unsere Herzen. In der Heiligen Eucharistie, in der Begegnung mit seinem Wort, können an diesem doppelten Tisch des Wortes und des konsekrierten Brotes und Weines auch wir Jesus begegnen und erkennen. Jeden Sonntag erlebt die Gemeinde so wieder das Ostern des Herrn und nimmt vom Heiland sein Testament der Liebe und des brüderlichen Dienstes entgegen.

»Jesus ist der Herr«

In diesen österlichen Tagen verkündet und besingt die Liturgie der Kirche die freudige Gewissheit der Auferstehung Christi. Durch die Auferweckung seines Sohnes bekundet uns Gott, dass die Frohbotschaft Jesu über den Tod hinaus Bestand hat und auch uns ewiges Heil schenken kann. Diese grundlegende Wahrheit gilt es gläubig anzunehmen, wie der hl. Paulus sagt: »Denn wenn du mit deinem Mund bekennst: ›Jesus ist der Herr‹ und in deinem Herzen glaubst: ›Gott hat ihn von den Toten auferweckt‹, so wirst du gerettet werden« (Röm 10, 9). Die Begegnung mit dem auferstandenen Christus hat die Kraft, die Menschen nachhaltig zu verändern. Dies haben die Apostel und die Jünger in den Tagen nach Ostern erfahren, aber auch den Christen aller Jahrhunderte und jedem Gläubigen gilt die Zusage des Auferstandenen: »Seht, ich bin bei euch alle Tage bis ans Ende der Welt« (Mt 28, 20).

Generalaudienz am 26. März 2008

Deine Auferstehung preisen wir

Jesus am Kreuz

Denken wir einen Augenblick an die Szene auf dem Kalvarienberg und hören wir noch einmal die Worte, die Jesus vom Kreuz herab an den Verbrecher richtet, der zu seiner Rechten gekreuzigt ist: »Amen, ich sage dir: Heute noch wirst du mit mir im Paradies sein« (Lk 23,43). Denken wir an die beiden Jünger auf dem Weg nach Emmaus, als sie ihn, nachdem sie ein Stück des Weges mit dem auferstandenen Jesus gegangen sind, erkennen und noch in derselben Stunde nach Jerusalem aufbrechen, um die Auferstehung des Herrn zu verkündigen (vgl. Lk 24,13–35). Mit neuer Klarheit kommen ihnen die Worte des Meisters wieder in den Sinn: »Euer Herz lasse sich nicht verwirren. Glaubt an Gott und glaubt an mich! Im Haus meines Vaters gibt es viele Wohnungen. Wenn es nicht so wäre, hätte ich euch dann gesagt: Ich gehe, um einen Platz für euch vorzubereiten?« (Joh 14,1–2). Gott hat sich wirklich gezeigt, er ist zugänglich geworden, er hat die Welt so sehr geliebt, »dass er seinen einzigen Sohn hingab, damit jeder, der an ihn glaubt, nicht zugrunde geht, sondern das ewige Leben hat« (Joh 3,16), und im erhabensten Akt der Liebe am Kreuz, indem er in den Abgrund des Todes hinabgestiegen ist, hat er ihn überwunden, ist er auferstanden und hat er auch uns die Tore der Ewigkeit geöffnet. Christus trägt uns durch die Nacht des Todes, durch die er selbst hindurchgegangen ist; er ist der gute Hirt, dessen Führung man sich ohne jegliche Angst anvertrauen kann, denn er kennt den Weg gut, auch durch die Finsternis hindurch.

Generalaudienz am 2. November 2011

Sind wir nun mit Christus gestorben?

Am Ende des dramatischen Berichts der Passion vermerkt der Evangelist Markus: »Als der Hauptmann, der Jesus gegenüberstand, ihn auf diese Weise sterben sah, sagte er: Wahrhaftig, dieser Mensch war Gottes Sohn« (Mk 15, 39). Das Bekenntnis des Glaubens dieses römischen Soldaten, der bei den verschiedenen aufeinanderfolgenden Phasen der Kreuzigung zugegen war, muss uns überraschen. Als die Dunkelheit der Nacht über diesen in der Geschichte einmaligen Freitag hereinzubrechen begann, als das Opfer des Kreuzes schon vollzogen war und die Anwesenden sich beeilten, um das jüdische Pascha planmäßig feiern zu können, da erklangen in der Stille angesichts jenes ganz einzigartigen Todes die wenigen Worte aus dem Munde eines namenlosen Hauptmanns der römischen Truppe. Dieser Offizier der römischen Truppe, der der Hinrichtung eines von vielen zum Tode Verurteilten beigewohnt hatte, konnte in jenem Gekreuzigten den Sohn Gottes erkennen, der in ganz erniedrigender Verlassenheit verstorben war. Sein schändliches Ende hätte den endgültigen Triumph des Hasses und des Todes über die Liebe und das Leben bedeuten sollen. Aber so war es nicht! Auf Golgata erhob sich das Kreuz, an dem ein bereits toter Mann hing, aber der Mann dort war der »Sohn Gottes«, wie der Hauptmann bekannte – »als er ihn auf diese Weise sterben sah«, präzisiert der Evangelist.

Das Glaubensbekenntnis dieses Soldaten wird uns jedes Mal, wenn wir die Leidensgeschichte nach Markus hören, wieder vorgelegt. [...] Wir haben wieder die tragische Geschichte eines Mannes nachempfunden, der einzig ist in der Geschichte aller Zeiten und der die Welt verändert hat, indem er nicht andere tötete, sondern sich selbst ans Kreuz gehängt töten ließ. Dieser Mensch, der scheinbar einer von uns ist und der bei seinem Tod seinen Henkern vergibt, ist der »Sohn Gottes«, der – wie der Apostel Paulus uns erinnert – »nicht daran festhielt, wie Gott zu sein, sondern sich entäußerte und wie ein Sklave wurde ... sich erniedrigte und gehorsam war bis zum Tod, bis zum Tod am Kreuz« (vgl. Phil 2,6-8).

Aus Liebe zu uns stirbt Christus am Kreuz!

Das schmerzliche Leiden des Herrn Jesus muss selbst die härtesten Herzen zum Mitleid bewegen, denn es bildet den Gipfel der Offenbarung der Liebe Gottes zu einem jeden von uns. Der heilige Johannes bemerkt: »Gott hat die Welt so sehr geliebt, dass er seinen einzigen Sohn hingab, damit jeder, der an ihn glaubt, nicht zugrunde geht, sondern das ewige Leben hat« (Joh 3,16). Aus Liebe zu uns stirbt Christus am Kreuz! Im Laufe der Jahrtausende haben sich Scharen von Männern und Frauen von diesem Geheimnis anziehen lassen und sind Ihm gefolgt. Dabei haben sie ihrerseits wie Er und dank seiner Hilfe das eigene Leben zu einer Gabe für die Mitmenschen gemacht. Es sind die Heiligen und die Märtyrer, von denen viele uns unbekannt bleiben. Wie viele Menschen vereinen auch in unserer Zeit in der Stille des täglichen Lebens ihre Leiden mit denen des Gekreuzigten und werden zu Aposteln einer echten geistlichen und gesellschaftlichen Erneuerung! Was wäre der Mensch ohne Christus? Augustinus stellt fest: »Du fändest dich immerzu im Elend, wenn er dir nicht Erbarmen erwiesen hätte. Du wärst nicht wieder zum Leben gekommen, wenn er nicht mit dir den Tod geteilt hätte. Du wärst zugrunde gegangen, wenn er dir nicht zu Hilfe gekommen wäre. Du wärst verloren, wenn er nicht gekommen wäre« (Sermo 185,1). Warum also nehmen wir Ihn nicht in unserem Leben auf?

Verweilen wir [...], um sein entstelltes Antlitz zu betrachten: Es ist das Antlitz des Schmerzensmannes, der all unsere tödlichen

Ängste auf sich geladen hat. Sein Angesicht spiegelt sich in dem jedes gedemütigten und beleidigten, kranken und leidenden, einsamen, verlassenen und verachteten Menschen. Durch sein Blutvergießen hat er uns von der Knechtschaft des Todes befreit, hat die Einsamkeit unserer Tränen gesprengt, ist in all unser Leid und in all unsere Sorgen eingetreten.

[...] Während das Kreuz auf Golgata emporragt, geht der Blick unseres Glaubens voraus zum Anbruch des neuen Tages, und wir kosten schon die Freude und den Glanz von Ostern. »Sind wir nun mit Christus gestorben«, – schreibt der heilige Paulus – »so glauben wir, dass wir auch mit ihm leben werden« (Röm 6,8). In dieser Gewissheit gehen wir unseren Weg weiter.

Kreuzweg am Kolosseum, Karfreitag am 10. April 2009

Ich gehe und ich komme

In seinen Abschiedsreden hat Jesus den Jüngern seinen bevorstehenden Tod und seine Auferstehung mit einem geheimnisvollen Satz angekündigt. Er sagt: »Ich gehe und ich komme zu euch« (Joh 14, 28). Sterben ist ein Weggehen. Auch wenn der Körper des Toten noch bleibt, er selbst ist weggegangen ins Unbekannte, und wir können ihm nicht folgen (vgl. Joh 13, 36). Aber bei Jesus gibt es etwas einzigartig Neues, das die Welt verändert. Das Weggehen in unserem Tod ist definitiv, es gibt keine Rückkehr. Jesus aber sagt über seinen Tod: »Ich gehe und ich komme zu euch.« Gerade indem er geht, kommt er. Sein Gehen eröffnet eine ganz neue und größere Weise seiner Anwesenheit. Er geht mit seinem Sterben hinein in die Liebe des Vaters. Sein Sterben ist ein Akt der Liebe. Die Liebe aber ist unsterblich. Deshalb verwandelt sich sein Weggehen in ein neues Kommen, in eine tiefer reichende und nicht mehr endende Form von Gegenwart. In seinem irdischen Leben war Jesus wie wir alle an die äußeren Bedingungen unseres körperlichen Daseins gebunden: an diesen Ort, an diese Zeit. Die Leibhaftigkeit beschränkt unser Dasein. Wir können nicht gleichzeitig an einem und an einem anderen Ort sein. Unsere Zeit ist endlich. Und zwischen ich und du steht die Wand der Andersheit. Gewiss, in der Liebe können wir irgendwie in die Existenz des anderen eintreten. Dennoch bleibt die unüberschreitbare Schranke des Andersseins. Jesus aber, der nun ganz durch den Akt der Liebe umgewandelt ist, ist frei von diesen Schranken und Grenzen. Er kann nicht nur äußerlich Türen durchschreiten, die verschlossen sind, wie uns die Evangelien erzählen (vgl. Joh 20,

19). Er kann die innere Tür von ich und du durchschreiten, die verschlossene Tür zwischen gestern und heute, zwischen damals und morgen. Als am Tag seines feierlichen Einzugs in Jerusalem eine Gruppe von Griechen gebeten hatte, ihn zu sehen, hat er mit dem Gleichnis vom Weizenkorn geantwortet, das durch den Tod hindurchgehen muss, um viele Frucht zu tragen. Er hatte damit sein eigenes Geschick vorausgesagt: Nicht jetzt für ein paar Minuten wollte er mit diesem oder jenem Griechen reden. Durch sein Kreuz hindurch, durch sein Gehen, durch sein Sterben als Weizenkorn kam er wirklich zu den Griechen, so dass sie ihn sehen konnten und ihn berühren durften im Glauben. Sein Gehen wird zum Kommen in der universalen Weise der Gegenwart des Auferstandenen – gestern, heute und in Ewigkeit. Auch heute kommt er und umspannt alle Zeiten und Orte. Er kann nun auch die Wand der Andersheit durchschreiten, die ich und du voneinander trennt. So ist es Paulus geschehen, der den Vorgang seiner Bekehrung und seiner Taufe mit den Worten beschreibt: Ich lebe, doch nicht mehr ich, sondern Christus lebt in mir (Gal 2, 20). Durch das Kommen des Auferstandenen hat Paulus eine neue Identität erhalten. Sein verschlossenes Ich ist aufgebrochen. Er lebt nun in der Gemeinschaft mit Jesus Christus, in dem großen Ich der Glaubenden, die mit Christus – wie er es ausdrückt – ein einziger geworden sind (Gal 3, 28).

Christus lebt in mir.

[...] So wird sichtbar, dass die geheimnisvollen Worte Jesu im Abendmahlssaal jetzt, bei euch – durch die Taufe – wieder Gegenwart werden. In der Taufe tritt der Herr durch die Tür eures Herzens in euer Leben ein.

Predigt am 22. März 2008

Hinabgestiegen in das Reich des Todes

Im Credo bekennen wir über Christi Weg: Er ist hinabgestiegen in das Reich des Todes. Was ist da geschehen? Weil wir die Welt des Todes nicht kennen, können wir uns diesen Vorgang der Überwindung des Todes nur in Bildern vorstellen, die unangemessen bleiben. Dennoch, in allem Ungenügen helfen sie uns, etwas vom Geheimnis zu verstehen. Die Liturgie wendet auf den Abstieg Jesu in die Nacht des Todes das Wort des Psalms 24 an: »Ihr Tore, hebt euch nach oben; tut euch auf, ihr uralten Pforten!« Die Tür des Todes ist verschlossen, niemand kann je zurückkommen. Es gibt keinen Schlüssel zu dieser ehernen Tür. Christus aber hat den Schlüssel. Sein Kreuz reißt die Tore des Todes auf, die unwiderruflichen. Sie sind nicht mehr unwiderruflich. Sein Kreuz, die Radikalität seiner Liebe ist der Schlüssel, der dieses Tor öffnet. Die Liebe dessen, der als Gott Mensch wurde, um sterben zu können, sie hat die Kraft, die Tür zu öffnen. Diese Liebe ist stärker als der Tod. Die Oster-Ikonen der Ostkirche zeigen, wie Jesus hineintritt in die Welt der Toten. Sein Gewand ist Licht, denn Gott ist Licht. »Nacht leuchtet wie der Tag, Finsternis wie Licht« (Ps 138 [139], 12). Jesus, der in die Totenwelt hineintritt, trägt die Wundmale: Seine Verwundung, sein Leiden ist Macht geworden, ist Liebe, die den Tod überwindet. Er begegnet Adam und allen in der Nacht des Todes wartenden Menschen. Man glaubt bei ihrem Anblick förmlich, das Gebet des Jona zu hören: »Aus der Tiefe der Unterwelt schrie ich um Hilfe, und du hörtest meinen Ruf« (2, 3). Der Sohn Gottes hat sich in der Inkarnation mit dem Wesen Mensch – mit Adam geeint. Aber erst in dem Augenblick, in dem er den letzten Akt der Liebe vollzieht und absteigt in die Nacht des Todes, vollendet er den Weg der Inkarnation. Durch sein Sterben nimmt er Adam, nimmt er die wartenden Menschen an die Hand und führt sie ans Licht.

Nun kann man aber fragen: Was bedeutet dieses Bild? Was ist da wirklich durch Christus Neues geschehen? Die Seele des Menschen ist doch an sich, von der Schöpfung her unsterblich – was hat Jesus Neues gebracht? Ja, die Seele ist unsterblich, weil der Mensch in einzigartiger Weise im Gedächtnis und in der Liebe Gottes steht, auch als Gefallener. Aber seine Kraft reicht nicht, sich zu Gott zu erheben. Wir haben keine Flügel, die uns in diese Höhe tragen könnten. Und doch kann dem Menschen nichts anderes auf ewig genügen, als mit Gott zu sein. Eine Ewigkeit ohne dieses Einssein mit Gott wäre Verdammung. Der Mensch kann nicht hinauf und verlangt doch hinauf: Aus der Tiefe rufe ich zu dir. Nur der auferstandene Christus kann uns hinauftragen in die Einheit mit Gott, zu der unsere eigenen Kräfte nicht hinaufreichen. Er nimmt in der Tat das verlorene Schaf auf seine Schultern und trägt es heim. An seinem Leib festgehalten leben wir, und in der Gemeinschaft mit seinem Leib reichen wir bis ans Herz Gottes hin. Und so erst ist der Tod überwunden, sind wir frei und ist unser Leben Hoffnung.

Durch die Auferstehung hat die Liebe sich stärker gezeigt als der Tod.

Das ist der Jubel der Osternacht: Wir sind frei. Durch die Auferstehung Jesu hat die Liebe sich stärker gezeigt als der Tod und als das Böse. Die Liebe ließ ihn absteigen, und sie ist zugleich die Kraft, in der er aufsteigt. Und durch die er uns mitnimmt. Geeint mit seiner Liebe, von ihren Flügeln getragen, steigen wir mit ihm als Liebende ab in die Dunkelheiten der Welt, und wissen, dass wir gerade so mit ihm aufsteigen. So bitten wir in dieser Nacht: Herr, zeige auch heute, dass die Liebe stärker ist als der Hass. Dass sie stärker ist als der Tod. Steig auch in die Nächte und

Unterwelten dieser unserer modernen Zeit hinab und nimm die Wartenden an die Hand. Führe sie ins Licht. Sei auch in meinen dunklen Nächten mit mir und führe mich hinaus. Hilf mir, hilf uns, mit dir hinabzusteigen in das Dunkel der Wartenden, die aus der Tiefe nach dir schreien. Hilf uns, dein Licht dorthin zu tragen. Hilf uns zum Ja der Liebe, die uns absteigen und ebenso mit dir aufsteigen lässt. Amen.

Predigt am7. April 2007

Er ist nicht hier

»Ihr sucht Jesus von Nazaret, den Gekreuzigten. Er ist auferstanden, er ist nicht hier« (Mk 16, 6). So sagt der ins Gewand des Lichtes gekleidete Gottesbote zu den Frauen, die den Leichnam Jesu im Grab suchen. So sagt es der Evangelist in dieser Heiligen Nacht aber auch zu uns: Jesus ist nicht eine Gestalt der Vergangenheit. Er lebt, und als Lebender geht er uns voraus; er ruft uns, ihm, dem Lebenden nachzugehen und so selber den Weg des Lebens zu finden.

»Er ist auferstanden... Er ist nicht hier.« Als Jesus zum ersten Mal zu den Jüngern von Kreuz und Auferstehung gesprochen hatte, fragten die Jünger einander beim Herabsteigen vom Berg der Verklärung, was das sei »von den Toten auferstehen« (Mk 9, 10). An Ostern freuen wir uns darüber, dass Christus nicht im Grab geblieben, dass sein Leichnam nicht verwest ist; dass er der Welt der Lebenden und nicht der Toten zugehört; dass er – wie wir im Ritus der Osterkerze sagen – Alpha und Omega zugleich ist, also nicht nur gestern ist, sondern heute und in Ewigkeit (vgl. Hebr 13, 8). Aber irgendwie liegt Auferstehung so weit außerhalb unseres Horizonts, außerhalb all unserer Erfahrungen, dass wir, wenn wir in uns gehen, den Disput der Jünger fortführen: Was ist das nun eigentlich »auferstehen«? Was bedeutet es für uns? Für die Welt und die Geschichte im Ganzen? Ein deutscher Theologe hat einmal ironisch gesagt, das Mirakel einer wiederbelebten Leiche – wenn es denn stattgefunden habe, was er nicht glaubte – sei letztlich unwichtig, es betreffe uns ja nicht. In der Tat, wenn da nur einer irgendwann einmal wiederbelebt worden wäre, nichts sonst, was sollte uns das angehen? Aber Christi Auferstehung ist eben mehr, ist anderes. Sie ist – wenn wir einmal die Sprache der Evolutionslehre benützen dürfen – die größte »Mutation«, der absolut entscheidendste Sprung in ganz Neues hinein, der in der langen Geschichte des Lebens und seiner Entwicklungen geschehen ist: ein Sprung in eine ganz neue Ordnung, der uns angeht und die ganze Geschichte betrifft.

So würde der mit den Jüngern geführte Disput die folgenden Fragen umfassen: Was ist da geschehen? Was bedeutet es für uns, für die Welt im Ganzen und für mich persönlich? Zunächst also – was ist geschehen? Jesus ist nicht mehr im Grab. Er ist in einem ganz neuen Leben. Aber wie war das möglich? Welche Kräfte wirkten da? Entscheidend ist, dass dieser Mensch Jesus nicht allein war, kein in sich abgeschlossenes Ich. Er war eins mit dem lebendigen Gott, so sehr eins, dass er nur eine Person mit ihm bildete. Er stand sozusagen nicht nur in einer gefühlsmäßigen, sondern in einer sein Sein umspannenden und es durchdringenden Umarmung mit dem, der das Leben selber ist. Sein eigenes Leben war nicht bloß sein Eigen, es war Mitsein und Einssein mit Gott, und daher konnte es ihm gar nicht wirklich genommen werden. Er konnte sich aus Liebe töten lassen, aber gerade so zerbrach er die Endgültigkeit des Todes, weil in ihm die Endgültigkeit des Lebens da war. Er war so eins mit dem unzerstörbaren Leben, dass es durch den Tod hindurch neu aufbrach. Sagen wir dasselbe noch einmal von einer anderen Seite her: Sein Tod war ein Akt der Liebe. Im Abendmahl hat er den Tod vorweggenommen und in eine Gabe seiner selbst umgewandelt. Sein Mitsein mit Gott war konkret Mitsein mit Gottes Liebe, und die ist die wahre Macht gegen den Tod, stärker als der Tod. Auferstehung war gleichsam eine Explosion des Lichts, eine Explosion der Liebe, die das bislang unauflösbare Geflecht von »Stirb und Werde« aufgelöst hat.

Sein Mitsein mit Gott war konkret Mitsein mit Gottes Liebe.

Sie hat eine neue Dimension des Seins, des Lebens eröffnet, in die verwandelt auch die Materie hineingeholt ist und durch die eine neue Welt heraufsteigt.
Es ist klar, dass dieses Ereignis nicht irgendein vergangenes Mirakel darstellt, dessen Tatsächlichkeit uns letztlich gleichgültig sein könnte. Es ist ein Durchbruch in der Geschichte »der Evolution« und des Lebens überhaupt zu einem neuen künftigen Leben; zu einer neuen Welt, die von Christus her immerfort schon in diese unsere Welt eindringt, sie umgestaltet und an sich zieht. Aber wie geschieht das? Wie kann dieses Ereignis wirklich bei mir ankommen und mein Leben in sich hinein- und hinaufziehen? Die zunächst vielleicht überraschend erscheinende, aber ganz reale Antwort darauf lautet: Es kommt zu mir durch Glaube und Taufe. Deswegen gehört die Taufe zur Osternacht; das wird auch in dieser Feier unterstrichen durch die Spendung der Sakramente der christlichen Initiation an einige Erwachsene aus verschiedenen Ländern. Die Taufe bedeutet genau dies, dass wir nicht von einem vergangenen Ereignis reden hören, sondern dass ein weltgeschichtlicher Durchbruch zu mir kommt und nach mir greift. Taufe ist etwas ganz anderes als ein Akt kirchlicher Sozialisierung, als eine etwas altmodische und umständliche Form, Menschen in die Kirche aufzunehmen. Sie ist auch mehr als eine bloße Abwaschung, als eine Art seelischer Reinigung und Verschönerung. Sie ist wirklich Tod und Auferstehung, Wiedergeburt, Umbruch in ein neues Leben hinein.

Es kommt zu mir durch Glaube und Taufe.

Wie sollen wir das verstehen? Ich denke, was da geschieht, werde uns am ehesten klar, wenn wir den Schluss der kleinen geistlichen Autobiographie ansehen, die uns Paulus in seinem Galater-Brief geschenkt hat. Sie schließt mit den Worten, die zugleich den Kern dieser Biographie beinhalten: Ich lebe, doch »nicht mehr ich, sondern Christus lebt in mir«(Gal 2, 20). Ich, doch nicht mehr ich. Das Ich selber, die eigentliche Identität des Menschen – dieses

Menschen Paulus – ist verändert worden. Er existiert noch, und er existiert nicht mehr. Er ist durch ein »Nicht« hindurchgegangen und steht immerfort in diesem »Nicht«. Ich, doch »nicht« mehr ich. Paulus beschreibt damit nicht irgendein mystisches Erlebnis, das ihm etwa geschenkt worden wäre und das uns im letzten allenfalls historisch interessieren könnte. Nein, dieser Satz ist Ausdruck dessen, was in der Taufe geschah. Das eigene Ich wird mir genommen und eingefügt in ein größeres, in ein neues Subjekt. Dann ist es wieder da, aber eben verwandelt, umgebrochen, aufgebrochen durch die Zugehörigkeit zum anderen, in dem es seinen neuen Existenzraum hat. Paulus macht uns dasselbe noch einmal von einer anderen Seite her klar, wenn er im dritten Kapitel des Galater-Briefs von der Verheißung spricht und sagt, dass sie im Singular gegeben sei – nur einem: Christus. Er allein trägt alle Verheißung in sich. Aber was ist dann mit uns? Ihr seid einer geworden in Christus, sagt Paulus dazu (vgl. 3, 28). Nicht eins, sondern einer, ein einziger, ein einziges neues Subjekt. Diese Befreiung unseres Ich aus seiner Isolation, dieses Stehen in einem neuen Subjekt ist Stehen in der Weite Gottes und Hineingerissensein in ein Leben, das aus dem Zusammenhang von Stirb und Werde herausgetreten ist, jetzt schon. Die große Explosion der Auferstehung hat in der Taufe nach uns gegriffen. So gehören wir einer neuen Dimension des Lebens zu, in die wir mitten in den Bedrängnissen dieser Zeit schon hineingehalten sind. In diesen offenen Raum hineinzuleben, das heißt getauft sein, das heißt Christ sein. Das ist die Freude der Osternacht. Die Auferstehung ist nicht vergangen, die Auferstehung hat nach uns gegriffen, hat uns ergriffen. An ihr, das heißt am auferstandenen Herrn halten wir uns fest, und wir wissen: Er hält uns fest, wenn unsere Hände zu schwach werden. An ihm halten wir uns fest, so halten wir auch einander fest, werden einer, nicht nur eins. Ich, doch nicht mehr ich: Das ist die von der Taufe vorgegebene Formel

Getauft sein, das heißt Christ sein.

der christlichen Existenz, die Formel der Auferstehung mitten in der Zeit. Ich, doch nicht mehr ich: Wenn wir so leben, gestalten wir die Welt um. Es ist die Gegenformel zu allen Ideologien der Gewalt und das Gegenprogramm zu Korruption und Suche nach Macht und Habe.

»Ich lebe und ihr werdet leben», sagt Jesus im Johannes-Evangelium (14, 19) zu seinen Jüngern, das heißt zu uns. Wir leben durch das Mitsein mit ihm, durch das Angeheftetsein an ihn, der das Leben selber ist. Ewiges Leben, selige Unsterblichkeit haben wir nicht aus uns selbst und nicht in uns selbst, sondern durch eine Relation – durch das Mitsein mit dem, der die Wahrheit und die Liebe und darum ewig, Gott selber ist. Die bloße Unzerstörbarkeit der Seele allein könnte ewigem Leben keinen Sinn geben, es nicht zu wirklichem Leben machen. Leben kommt uns aus dem Geliebtsein von dem, der das Leben ist; aus dem Mitlieben und Mitleben mit ihm. Ich, doch nicht mehr ich: Das ist der Weg des Kreuzes, der Durchkreuzung einer bloß ins Ich eingeschlossenen Existenz, und gerade so öffnet sich die wahre, die bleibende Freude.

So können wir mit der Kirche voll Freude im Exsultet singen: »Frohlocket, ihr Chöre der Engel... Lobsinge, du Erde!». Die Auferstehung ist ein kosmisches Ereignis, das Himmel und Erde umfasst und zueinander bringt. Und ebenso können wir mit dem Exsultet rufen: »Dein Sohn, unser Herr Jesus Christus, der von den Toten erstand, der den Menschen erstrahlt in österlichem Licht – er lebt und herrscht in Ewigkeit.»

Amen!

Predigt am 15. April 2006

Das Zeugnis der Frauen

Der hl. Paulus schreibt [...] an die Korinther: »Ist aber Christus nicht auferweckt worden, dann ist unsere Verkündigung leer und euer Glaube sinnlos« (1 Kor 15,14). Daher ist es in diesen Tagen wichtig, erneut die Berichte über die Auferstehung Christi zu lesen, die wir in den vier Evangelien finden, und sie mit unserem Herzen zu lesen. Es handelt sich um Berichte, die auf verschiedene Weise die Begegnungen der Jünger mit dem auferstandenen Jesus darstellen, und sie ermöglichen es uns so, dieses wunderbare Ereignis zu betrachten, das die Geschichte verwandelt hat und dem Dasein jedes Menschen, eines jeden von uns, Sinn gibt. Das Ereignis der Auferstehung als solches wird von den Evangelisten nicht beschrieben: es bleibt geheimnisvoll, nicht im Sinn von weniger wirklich, sondern von verborgen, jenseits unseres Erkenntnisvermögens: wie ein Licht, das so sehr blendet, dass man es nicht mit den Augen beobachten könnte, ohne zu erblinden. Die Berichte beginnen dagegen, als sich die Frauen in der Morgendämmerung des Tages nach dem Sabbat zum Grab begaben und es offen und leer vorfanden. Der hl. Matthäus spricht auch von einem Erdbeben und von einem Engel, dessen Gestalt leuchtete wie ein Blitz, der den großen Grabstein wegwälzte und sich darauf setzte (vgl. Mt 28,2).
Nachdem die Frauen vom Engel die Botschaft der Auferstehung erhalten hatten, eilten sie voll Furcht und Freude zu den Jüngern, um ihnen die Nachricht zu verkünden, und gerade in jenem Augenblick begegneten sie Jesus, warfen sich ihm zu Füßen und beteten ihn an; und er sagte zu ihnen: »Fürchtet euch nicht! Geht

und sagt meinen Brüdern, sie sollen nach Galiläa gehen, und dort werden sie mich sehen« (Mt 28,10). In allen Evangelien nehmen die Frauen in den Berichten über die Erscheinungen des auferstandenen Jesus großen Raum ein, wie dies im Übrigen auch in jenen über das Leiden und Sterben Jesu der Fall ist. Zu jener Zeit konnte in Israel das Zeugnis von Frauen keinen offiziellen, rechtlichen Wert haben, doch die Frauen haben eine Erfahrung der besonderen Verbindung mit dem Herrn gemacht, die für das konkrete Leben der christlichen Gemeinde grundlegend ist, und zwar immer, in jedem Zeitalter, nicht nur am Anfang des Wegs der Kirche.

Erhabenes und beispielhaftes Vorbild für diese Beziehung mit Jesus besonders in seinem Paschageheimnis ist natürlich Maria, die Mutter des Herrn. Gerade durch die verwandelnde Erfahrung des Pascha ihres Sohnes wird die Jungfrau Maria auch Mutter der Kirche, das heißt eines jeden Gläubigen und der ganzen Gemeinde.

Regina-Coeli-Gebet am 9. April 2012

Der Engel der Auferstehung

Der Montag nach dem Ostersonntag [heißt] im Italienischen traditionell »Montag des Engels«. Es ist sehr interessant, diesen Verweis auf den »Engel« zu vertiefen. Natürlich denkt man sogleich an die Berichte aus dem Evangelium über die Auferstehung Jesu, in denen die Gestalt eines Boten des Herrn hervortritt. Der hl. Matthäus schreibt: »Plötzlich entstand ein gewaltiges Erdbeben; denn ein Engel des Herrn kam vom Himmel herab, trat an das Grab, wälzte den Stein weg und setzte sich darauf. Seine Gestalt leuchtete wie ein Blitz und sein Gewand war weiß wie Schnee« (Mt 28,2–3). Alle Evangelisten geben dann detailliert an, dass den Frauen, die sich zum Grab begaben und es offen und leer vorfanden, von einem Engel verkündigt wurde, dass Jesus auferstanden war. Bei Matthäus sagt ihnen dieser Bote des Herrn: »Fürchtet euch nicht! Ich weiß, ihr sucht Jesus, den Gekreuzigten. Er ist nicht hier; denn er ist auferstanden, wie er gesagt hat« (Mt 28,5–6); er zeigt dann das leere Grab und trägt ihnen auf, die Nachricht den Jüngern zu überbringen. Bei Markus wird der Engel als »junger Mann, der mit einem weißen Gewand bekleidet war«, beschrieben, der den Frauen dieselbe Botschaft übermittelt (vgl. Mk 16,5–6). Lukas spricht von »zwei Männern in leuchtenden Gewändern«, die den Frauen in Erinnerung rufen, dass Jesus bereits lange zuvor seinen Tod und seine Auferstehung vorhergesagt hatte (vgl. Lk 24,4–7). Auch der hl. Johannes spricht von »zwei Engeln in weißen Gewändern«; Maria aus Magdala sieht sie, während sie beim Grab weint, und sie sagen zu ihr: »Frau, warum weinst du?« (Joh 20,11–13).

Doch der Engel der Auferstehung hat noch eine weitere Bedeutung. So muss man sich nämlich in Erinnerung rufen, dass der Ausdruck »Engel« nicht nur die Engel bezeichnet, geistliche Geschöpfe, die mit Intelligenz und Willen ausgestattet sind, Diener und Boten Gottes, sondern dass dieser auch einer der ältesten Titel ist, die Jesus selbst zugeschrieben werden. So lesen wir zum Beispiel bei Tertullian im 3. Jahrhundert: »Zwar erhielt er den Namen: Engel des großen Ratschlusses; dies bedeutet aber Bote und ist Bezeichnung eines Amtes, nicht des Wesens. Der große Ratschluss war nämlich der des Vaters in betreff der Erlösung des Menschen; den sollte er der Welt ankündigen« (De carne Christi, 14). Soweit Tertullian. Jesus Christus, der Sohn Gottes, wird auch als der Engel Gottes, des Vaters, bezeichnet: Er ist der Bote schlechthin seiner Liebe. [...] Denken wir nun an das, was der auferstandene Jesus den Aposteln gesagt hat: »Wie mich der Vater gesandt hat, so sende ich euch« (Joh 20,21), und er hauchte ihnen seinen Heiligen Geist ein. Das bedeutet: Wie Jesus Verkündiger der Liebe Gottes, des Vaters, gewesen ist, so müssen auch wir Verkündiger der Liebe Christi sein: Wir sind Boten seiner Auferstehung, seines Sieges über das Böse und über den Tod, Überbringer seiner göttlichen Liebe.

Regina-Coeli-Gebet am 5. April 2010

Das leere Grab

Das Johannesevangelium hat uns einen sinnträchtigen Bericht über den Besuch des Petrus und des Jüngers, den Jesus liebte, am Ostermorgen am leeren Grab hinterlassen. Heute, nach ungefähr zwanzig Jahrhunderten, steht der Nachfolger Petri, der Bischof von Rom, vor demselben leeren Grab und betrachtet das Geheimnis der Auferstehung. Den Fußspuren der Apostel folgend, möchte ich aufs neue den Menschen unserer Zeit den festen Glauben der Kirche verkünden, dass Jesus Christus »gekreuzigt wurde, gestorben ist und begraben wurde«, und dass er »am dritten Tage auferstanden ist von den Toten«. Zur Rechten des Vaters erhöht, hat er uns den Geist gesandt zur Vergebung der Sünden. Außer ihm, den Gott zum Herrn und Messias gemacht hat, »ist uns Menschen kein anderer Name unter dem Himmel gegeben, durch den wir gerettet werden sollen« (Apg 4, 12).

Wenn wir an diesem heiligen Ort stehen und dieses wundersame Ereignis bedenken, wie können wir da nicht »mitten ins Herz« getroffen sein (Apg 2, 37) wie jene, die als erste die Predigt des Petrus am Pfingsttag hörten? Hier ist Christus gestorben und auferstanden, und er stirbt nicht mehr. Hier wurde die Geschichte der Menschheit entscheidend geändert. Die lange Herrschaft der Sünde und des Todes wurde durch den Sieg des Gehorsams und des Lebens gebrochen; das Holz des Kreuzes hat die Wahrheit über Gut und Böse aufgedeckt; Gottes Gericht erging in der Welt, und die Gnade des Heiligen Geistes wurde über die Menschheit ausgegossen. Hier lehrte uns Christus, der neue Adam, dass das Böse niemals das letzte Wort hat, dass die Liebe stärker ist als der

Tod, dass unsere Zukunft und die der ganzen Menschheit in den Händen eines treuen und vorsehenden Gottes liegt.
Das leere Grab spricht zu uns von Hoffnung, von der Hoffnung, die uns nicht zugrunde gehen lässt, da sie die Gabe des lebendigen Geistes ist (vgl. Röm 5, 5). Das ist die Botschaft, die ich euch heute, am Ende meiner Pilgerreise ins Heilige Land, hinterlassen möchte. Möge durch Gottes Gnade die Hoffnung in den Herzen aller Menschen, die in diesen Ländern wohnen, stets neu aufsteigen! Möge sie in euren Herzen wurzeln, in euren Familien und Gemeinschaften bleiben und in einem jeden von euch ein immer treueres Zeugnis für den Friedensfürsten anregen! Die Kirche im Heiligen Land, die so oft das dunkle Geheimnis von Golgota erfahren hat, darf niemals aufhören, ein unerschrockener Herold der leuchtenden Botschaft der Hoffnung zu sein, die dieses leere Grab verkündet.

Das leere Grab spricht zu uns von Hoffnung.

Das Evangelium beteuert uns, dass Gott alles neu machen kann, dass Geschichte sich nicht wiederholen muss, dass Gedächtnisse geheilt werden können, dass die Bitterkeit von Beschuldigung und Feindseligkeit überwunden werden kann und dass eine Zukunft der Gerechtigkeit, des Friedens, des Wohlstands und der Zusammenarbeit entstehen kann für jeden Menschen, für die ganze Menschheitsfamilie und in besonderer Weise für die Menschen, die in diesem Land wohnen, das dem Erlöser sehr am Herzen liegt.
Die altehrwürdige Kirche der Anastasis legt ein stummes Zeugnis ab sowohl für die Last unserer Vergangenheit mit ihrem Versagen, ihren Missverständnissen und Konflikten als auch für die herrliche Verheißung, die weiterhin vom leeren Grab Christi ausstrahlt. Dieser heilige Ort, an dem sich Gottes Kraft in der Schwachheit offenbart hat und die menschlichen Leiden von der göttlichen Herrlichkeit verklärt wurden, lädt uns ein, noch einmal mit den Augen des Glaubens das Antlitz des gekreuzigten und auferstan-

denen Herrn anzuschauen. In der Betrachtung seines verherrlichten, vom Geist ganz verklärten Fleisches erkennen wir noch mehr als selbst jetzt: Durch die Taufe »tragen wir das Todesleiden Jesu an unserem Leib, ... damit auch das Leben Jesu an unserem sterblichen Fleisch offenbar wird« (2 Kor 4, 10-11). Sogar jetzt ist die Gnade der Auferstehung in uns wirksam! Möge die Betrachtung dieses Geheimnisses unsere Bemühungen als einzelne wie auch als Mitglieder der kirchlichen Gemeinschaft anspornen, in dem Leben des Geistes durch Bekehrung, Buße und Gebet zu wachsen. Sie helfe uns, jeden Konflikt und jede Spannung in der Kraft ebendieses Geistes zu überwinden und jedes Hindernis innerhalb wie außerhalb zu bewältigen, das unserem gemeinsamen Zeugnis für Christus und die versöhnende Kraft seiner Liebe im Wege steht.

Ansprache anlässlich des Besuches des Heiligen Grabes in Jerusalem am 15. Mai 2009

Die Spur der Auferstehung

Der Morgen des Ostertages hat uns die alte und stets neue Botschaft verkündet: Christus ist auferstanden! Das Echo dieses Ereignisses, das vor zwanzig Jahrhunderten von Jerusalem ausging, klingt in der Kirche fort, in deren Herzen der tiefe Glaube Marias, der Mutter Jesu, weiterlebt, der Glaube Magdalenas und der anderen Frauen, die als erste das leere Grab gesehen haben, der Glaube des Petrus und der anderen Apostel.
Bis zum heutigen Tag – auch in unserer Zeit der ultratechnologischen Kommunikation – gründet der Glaube der Christen auf der Verkündigung, auf dem Zeugnis der Schwestern und Brüder, die zunächst den weggewälzten Stein und das leere Grab gesehen haben; dann die geheimnisvollen Boten, die bezeugten, dass Jesus, der Gekreuzigte, auferstanden ist; hierauf ihn selbst, den Meister und Herrn, lebendig und berührbar, der Maria von Magdala, den beiden Emmausjüngern und schließlich den im Abendmahlssaal versammelten Elf erschienen ist (vgl. Mk 16,9-14).
Die Auferstehung Christi ist nicht das Ergebnis von Spekulation oder mystischer Erfahrung: Es ist ein Geschehen, das gewiss die Geschichte überschreitet, sich aber zu einem exakten Zeitpunkt der Geschichte zuträgt und in ihr eine unauslöschliche Spur hinterlässt. Das Licht, das die am Grab Jesu aufgestellten Wachen blendete, hat Zeit und Raum durchdrungen. Es ist ein anderes, ein göttliches Licht, das die Finsternis des Todes zerrissen und in die Welt den Glanz Gottes gebracht hat, den Glanz der Wahrheit und des Guten.
Wie im Frühling die Strahlen der Sonne die Knospen an den Zwei-

gen der Bäume sprießen und aufbrechen lassen, so verleiht der Strahl, der aus der Auferstehung Christi hervorgeht, jeder christlichen Hoffnung, jeder Erwartung, jeder Sehnsucht und jedem Vorhaben Kraft und Sinn. Deshalb freut sich heute der ganze Kosmos, der in den Frühling der Menschheit einbezogen ist, die sich zum Sprachrohr des stummen Lobgesanges der Schöpfung macht. Das österliche Halleluja, das in der auf Erden pilgernden Kirche widerhallt, drückt den stillen Jubel des Universums aus und besonders das Verlangen einer jeden menschlichen Seele, die aufrichtig auf Gott hin offen ist, ja, die sich seiner unendlichen Güte, Schönheit und Wahrheit bewusst ist.

In deiner Auferstehung, Christus, freuen sich Himmel und Erde.

»In deiner Auferstehung, Christus, freuen sich Himmel und Erde.« Auf diese Einladung zum Lob, das heute vom Herzen der Kirche aufsteigt, antworten die »Himmel« in ihrer ganzen Fülle: Die Scharen der Engel, der Heiligen und Seligen vereinen sich einmütig mit unserem Jubel. Im Himmel ist alles Friede und Freude. Aber auf Erden ist es leider nicht so! Hier in dieser Welt steht das österliche Halleluja noch im Gegensatz zum Klagen und Schreien, das aus vielen schmerzvollen Situationen hervordringt: Elend, Hunger, Krankheit, Krieg und Gewalt. Aber gerade deswegen ist Christus gestorben und auferstanden! Er ist gestorben auch wegen unserer Sünden heute, und er ist auferstanden für die Erlösung unserer heutigen Geschichte. Deshalb soll meine Botschaft alle erreichen und als Verheißung besonders den Völkern und Gemeinschaften gelten, die gerade eine Zeit schweren Leids durchmachen, damit der auferstandene Christus ihnen den Weg der Freiheit, der Gerechtigkeit und des Friedens öffne.

Botschaft und Segen »Urbi et Orbi« am 24. April 2011

Ich bin erstanden

Resurrexi et adhuc tecum sum. – »Ich bin erstanden und bin noch und immer bei dir.« [...] In diesen Worten erkennt die Kirche beim Aufgang der Ostersonne die Stimme Jesu selbst, der bei der Auferstehung vom Tod sich voller glückseliger Liebe an den Vater wendet und ausruft: Mein Vater, hier bin ich! Ich bin erstanden, ich bin noch bei dir und werde es für immer sein; dein Geist hat mich niemals verlassen. So können wir auch andere Aussagen des Psalms in neuer Weise verstehen: »Steige ich hinauf in den Himmel, so bist du dort; bette ich mich in der Unterwelt, bist du zugegen. ... Auch die Finsternis wäre für dich nicht finster, die Nacht würde leuchten wie der Tag, die Finsternis wäre wie Licht« (Ps 139 [138], 8.12). Es ist wahr: In der feierlichen Osternacht wird die Finsternis Licht, die Nacht weicht dem Tag, der keinen Untergang kennt. Der Tod und die Auferstehung des menschgewordenen Wortes Gottes sind ein Ereignis unübertrefflicher Liebe, der Sieg der Liebe, die uns von der Knechtschaft der Sünde und des Todes befreit hat. Es hat den Lauf der Geschichte verändert, indem es dem Leben des Menschen einen unauslöschlichen und erneuerten Sinn und Wert eingegossen hat.

»Ich bin erstanden und bin noch und immer bei dir.« Diese Worte laden uns ein, den auferstandenen Christus zu betrachten, indem wir seine Stimme in unserem Herz widerhallen lassen. Mit seinem Erlösungsopfer hat Jesus von Nazaret uns zu Kindern Gottes gemacht, so dass nun auch wir uns in den geheimnisvollen Dialog zwischen Ihm und dem Vater einbringen können. Es kommt uns wieder in den Sinn, was er eines Tages seinen Zuhö-

rern sagte: »Mir ist von meinem Vater alles übergeben worden; niemand kennt den Sohn, nur der Vater, und niemand kennt den Vater, nur der Sohn und der, dem es der Sohn offenbaren will« (Mt 11, 27). In dieser Sicht merken wir, dass die Aussage, die der auferstandene Jesus heute an den Vater richtet – »Ich bin noch und immer bei dir« –, unwillkürlich auch uns betrifft, die wir »Kinder Gottes sind und Miterben Christi, wenn wir mit ihm leiden, um mit ihm auch verherrlicht zu werden« (vgl. Röm 8, 17). Dank des Todes und der Auferstehung Christi erstehen auch wir heute zu neuem Leben; wir vereinen unsere Stimme mit der seinen und verkünden, immer bei Gott bleiben zu wollen, unserem Vater, der unendlich gut und barmherzig ist.
Treten wir so in das Innerste des Ostergeheimnisses ein. Das erstaunliche Ereignis der Auferstehung Jesu ist im Wesentlichen ein Ereignis der Liebe: Liebe des Vaters, der den Sohn zum Heil der Welt hingibt; Liebe des Sohnes, der sich dem Willen des Vaters für uns alle überlässt; Liebe des Geistes, der Jesus in seinem verklärten Leib von den Toten erweckt. Und weiter: Liebe des Vaters, der den Sohn »wieder umarmt«, indem er ihn in seine Herrlichkeit hüllt; Liebe des Sohnes, der in der Kraft des Geistes mit unserer verklärten Menschengestalt zum Vater zurückkehrt. Vom heutigen Festtag, der uns die unbedingte und einzigartige Erfahrung der Auferstehung Jesu neu erleben lässt, ergeht also an uns ein Aufruf, dass wir uns zu der Liebe bekehren; eine Einladung, den Hass und den Egoismus von uns zu weisen und gelehrig der Spur des Lammes, das zu unserem Heil geopfert wurde, zu folgen, den »gütigen und von Herzen demütigen« Erlöser nachzuahmen, der »Ruhe für unsere Seelen« ist (vgl. Mt 11, 29).

Botschaft und Segen »Urbi et Orbi« am 23. März 2008

Die Zeugin – Maria Magdalena

»Surrexit Christus, spes mea« – »Auferstanden ist Christus, meine Hoffnung« (Ostersequenz).
Möge euch alle die jubelnde Stimme der Kirche erreichen, mit den Worten, die der alte Hymnus Maria Magdalena in den Mund legt, der ersten, die dem auferstandenen Jesus begegnete. Sie eilte zu den anderen Jüngern, und während ihr das Herz im Halse schlug, verkündete sie ihnen: »Ich habe den Herrn gesehen!« (Joh 20,18).
Auch wir, die wir die Wüste der Fastenzeit und die schmerzlichen Tage der Passion durchlebt haben, geben heute dem Siegesruf Raum: »Er ist auferstanden! Er ist wahrhaft auferstanden!«
Für jeden Christen wiederholt sich die Erfahrung, die Maria Magdalena machte. Es ist eine Begegnung, die das Leben verwandelt: die Begegnung mit einem einzigartigen Menschen, der uns die ganze Güte und Wahrheit Gottes spüren lässt, der uns nicht oberflächlich und vorübergehend, sondern tiefgreifend vom Bösen befreit, uns völlig heilt und uns unsere Würde zurückgibt. Das ist es, warum Maria Magdalena Jesus »meine Hoffnung« nennt: weil er es war, der sie zu neuem Leben erweckte, ihr eine neue Zukunft schenkte, ein gutes Leben, frei vom Bösen. »Christus, meine Hoffnung« bedeutet, dass all meine Sehnsucht nach dem Guten in ihm eine reale Möglichkeit findet: Mit ihm kann ich hoffen, dass mein Leben gut sei, dass es erfüllt und ewig sei, denn Gott selbst ist uns so nahegekommen, dass er sich in unser Menschsein hineinbegeben hat.
Doch Maria Magdalena hat wie die anderen Jünger mit ansehen müssen, wie Jesus von den führenden Männern des Volkes ab-

gelehnt wurde, gefangengenommen, gegeißelt, zum Tode verurteilt und gekreuzigt wurde. Es muss unerträglich gewesen sein zu sehen, wie die Güte in Person der menschlichen Schlechtigkeit unterworfen wurde, die Wahrheit von der Lüge verhöhnt und die Barmherzigkeit von der Rache geschmäht wurde. Mit dem Tod Jesu schien die Hoffnung aller, die auf ihn vertrauten, zu scheitern. Doch gänzlich verlöschte jener Glaube nie: Vor allem im Herzen der Jungfrau Maria, der Mutter Jesu, brannte das Flämmchen auch im Dunkel der Nacht lebendig weiter. Die Hoffnung muss in dieser Welt unweigerlich mit der Härte des Bösen rechnen. Nicht nur die Mauer des Todes steht ihr im Weg, mehr noch behindern sie die spitzen Stiche von Neid, Hochmut, Lüge und Gewalt. Jesus hat dieses tödliche Flechtwerk durchquert, um uns den Weg in das Reich des Lebens zu bahnen. Einen Moment gab es, in dem er besiegt zu sein schien: Finsternis war über die Welt hereingebrochen, Gott hatte sich völlig in Schweigen gehüllt, Hoffnung schien nur noch ein leeres Wort zu sein.
Aber siehe da, im Morgengrauen des Tages nach dem Sabbat ist das Grab leer. Und dann zeigt sich Jesus der Maria Magdalena, den anderen Frauen und den Jüngern. Da flammt der Glaube wieder auf, lebendiger und stärker denn je.

Botschaft und Segen »Urbi et Orbi« am 8. April 2012

Staunen über Gottes Allmacht

Seit ältesten Zeiten beginnt die Liturgie des Ostertages mit den Worten: Resurrexi et adhuc tecum sum – Ich bin erstanden und bin immer bei dir. Du hast deine Hand auf mich gelegt. Die Liturgie sieht darin das erste Wort des Sohnes an den Vater nach der Auferstehung, nach der Rückkehr aus der Nacht des Todes in die Welt der Lebenden. Die Hand des Vaters hat ihn auch in dieser Nacht gehalten, und so konnte er aufstehen, auferstehen.

Das Wort ist dem Psalm 138 entnommen und hat hier zunächst eine andere Bedeutung. Dieser Psalm ist ein Lied des Staunens über Gottes Allmacht und Allgegenwart und ein Lied des Vertrauens zu dem Gott, der uns nie aus seinen Händen fallen lässt. Und seine Hände sind gute Hände. Der Beter stellt sich eine Reise durch alle Dimensionen des Alls vor – was wird ihm da geschehen? »Stiege ich hinauf in den Himmel, so bist du dort; bette ich mich in der Unterwelt, bist du zugegen. Nehme ich die Flügel der Morgenröte und lasse mich nieder am äußersten Meer, auch dort bist du ... deine Rechte wird mich fassen. Würde ich sagen, ›Finsternis soll mich bedecken ...‹, auch die Finsternis wäre für dich nicht finster ..., die Finsternis wäre wie Licht« (Ps 138 [139], 8 – 12).

Am Ostertag sagt uns die Kirche: Jesus Christus hat diese Reise durch die Dimensionen des Alls für uns gemacht. Im Epheserbrief heißt es: »Er ist hinabgestiegen in die Tiefen der Erde und er, der abgestiegen ist, ist auch hinaufgestiegen über alle Himmel, um das All zu erfüllen« (4, 9f). So ist die Vision des Psalms Wirklichkeit geworden. In die undurchdringliche Finsternis des Todes ist er als Licht gekommen – Nacht wurde leuchtend wie der Tag und Finsternis zu Licht. Deshalb kann die Kirche mit Recht das Wort des Dankes und der Zuversicht als Wort des Auferstandenen an den Vater ansehen: »Ja, ich habe die Reise in die tiefsten Tiefen der Erde, in den Abgrund des Todes getan und Licht gebracht, und nun bin ich auferstanden und immer von deinen Händen umschlossen.« Aber dieses Wort des Auferstandenen an den Vater ist auch ein Wort des Herrn an uns geworden: »Ich bin auferstanden und bin nun immer bei dir«, sagt er zu einem jeden von uns. Meine Hand hält dich. Wohin du auch fällst, du fällst in meine Hände hinein. Auch an der Tür des Todes bin ich da. Dort, wo niemand mehr mit dir gehen kann und wohin du nichts mitnehmen kannst, warte ich auf dich und mache dir die Finsternis zu Licht.

Nacht wurde leuchtend wie der Tag und Finsternis zu Licht.

Dieses Psalmwort als Gespräch des Auferstandenen mit uns gelesen, ist zugleich eine Auslegung dessen, was in der Taufe geschieht. Taufe ist ja mehr als eine Abwaschung, eine Reinigung. Sie ist mehr als die Aufnahme in eine Gemeinschaft. Sie ist eine neue Geburt. Ein neuer Beginn des Lebens. Die Lesung aus dem Römerbrief, die wir vorhin gehört haben, sagt mit einer geheimnisvollen Formulierung, dass wir in der Taufe in die Ähnlichkeit mit Christi Tod »eingepflanzt« worden sind. In der Taufe übereignen wir uns Christus – er nimmt uns auf in sich, damit wir fortan nicht mehr für uns selber leben, sondern aus ihm, mit ihm und in ihm; damit wir mit ihm und so für die anderen leben. Wir lassen uns selber zurück in der Taufe, legen unser Leben in seine Hände hinein, so dass wir mit dem heiligen Paulus sagen können: Ich lebe, doch nicht mehr ich, sondern Christus lebt in mir. Wenn wir uns so weggeben, eine Art von Tod unseres eigenen Ich annehmen, so bedeutet dies zugleich, dass die Grenze zwischen Tod und Leben durchlässig wird. Diesseits wie jenseits des Todes sind wir bei Christus, und deswegen ist der Tod von da an keine wirkliche Grenze mehr. Paulus sagt uns das sehr persönlich in seinem Brief an die Philipper. Er hat diesen Brief aus dem Gefängnis geschrieben; er stand unter Prozess und musste mit dem Todesurteil rechnen. Und da sagt er zu den Philippern: Christus ist mein Leben. Wenn ich bei ihm sein kann (d.h. sterbe), ist es Gewinn. Aber wenn ich in diesem Leben bleibe, kann ich noch Frucht bringen. So bin ich zwischen beidem hin- und hergerissen: Aufgelöst werden – d.h. hingerichtet werden – und mit Christus sein, wäre das Bessere; aber in diesem Leben bleiben, ist viel notwendiger um euretwillen (1, 21ff). Diesseits und jenseits der Todeslinie ist er bei Christus – einen letzten Unterschied gibt es nicht mehr. Ja, es ist wahr: »Du umfängst mich ganz. Immer bin ich in deinen Händen.« Den Römern hat Paulus geschrieben: »Niemand lebt für sich selbst, und niemand stirbt für sich selbst ... Ob wir leben oder sterben, wir sind des Herrn« (Röm 14, 7f).

Predigt in der Vigil der Osternacht am 7. April 2007

Den Glauben in den Herzen aussäen

[Ich] möchte [...]die Verwandlung aufzeigen, die Christus in seinen Jüngern hervorgerufen hat. Beginnen wir beim Abend des Auferstehungstages. Die Jünger haben sich aus Furcht vor den Juden im Haus eingeschlossen (vgl. Joh 20,19). Die Angst zieht das Herz zusammen und hindert einen daran, den anderen entgegenzugehen, dem Leben entgegenzugehen.
Der Meister ist nicht mehr da. Die Erinnerung an sein Leiden nährt die Ungewissheit. Aber Jesus liegen die Seinen am Herzen, und er hält das Versprechen, das er beim Letzten Abendmahl gegeben hatte: »Ich werde euch nicht als Waisen zurücklassen, sondern ich komme wieder zu euch« (Joh 14,18). Und das sagt er auch zu uns, auch in trüben Zeiten: »Ich werde euch nicht als Waisen zurücklassen.« Diese Situation, in der die Jünger voll Furcht sind, ändert sich radikal durch die Ankunft Jesu. Er tritt durch die verschlossenen Türen ein, steht mitten unter ihnen und schenkt den beruhigenden Frieden: »Friede sei mit euch!« (Joh 20,19b). Es ist ein gewöhnlicher Gruß, der jetzt jedoch eine neue Bedeutung bekommt, weil er eine innere Verwandlung bewirkt; es ist der österliche Gruß, der die Jünger alle Furcht überwinden lässt. Der Friede, den Jesus bringt, ist die Heilsgabe, die er in seinen Abschiedsreden verheißen hatte: »Frieden hinterlasse ich euch, meinen Frieden gebe ich euch; nicht einen Frieden, wie die Welt ihn gibt, gebe ich euch. Euer Herz beunruhige sich nicht und verzage nicht« (Joh 14,27). Am Auferstehungstag schenkt er ihn in Fülle, und er wird für die Gemeinschaft zur Quelle der Freude, zur Gewissheit des Sieges, zur Sicherheit, wenn wir uns auf Gott

stützen. »Euer Herz beunruhige sich nicht und verzage nicht« (Joh 14,1), sagt er auch zu uns.
Nach diesem Gruß zeigt Jesus den Jüngern die Wunden an seinen Händen und an seiner Seite (vgl. Joh 20,20), Zeichen dessen, was gewesen ist und nie mehr ausgelöscht wird: Seine verherrlichte Menschennatur bleibt »verwundet«. Diese Geste hat den Zweck, die neue Wirklichkeit der Auferstehung zu bekräftigen: Christus, der jetzt unter den Seinen steht, ist eine reale Person, derselbe Jesus, der drei Tage zuvor ans Kreuz geschlagen wurde. Und so erfassen die Jünger im strahlenden Osterlicht, in der Begegnung mit dem Auferstandenen, den heilbringenden Sinn seines Leidens und seines Todes. Da verwandeln sich in ihnen Trauer und Furcht in tiefe Freude. Die Trauer und die Wunden selbst werden zur Quelle der Freude. Die Freude, die in ihrem Herzen entsteht, kommt daher, dass sie »den Herrn sahen« (Joh 20,20). Er sagt noch einmal zu ihnen: »Friede sei mit euch!« (V. 21).

Frieden hinterlasse ich euch.

Es ist nunmehr offensichtlich, dass es nicht nur ein Gruß ist. Es ist ein Geschenk, »das« Geschenk, das der Auferstandene seinen Freunden machen will, und gleichzeitig ist es eine Weisung: Dieser Friede, den Christus mit seinem Blut erworben hat, ist für sie und für alle Menschen, und die Jünger sollen ihn in die ganze Welt tragen. Denn er fügt hinzu: »Wie mich der Vater gesandt hat, so sende ich euch« (ebd.). Der auferstandene Jesus ist zu den Jüngern zurückgekehrt, um sie auszusenden.
Er hat sein Werk in der Welt vollendet, jetzt ist es an ihnen, in den Herzen den Glauben auszusäen, damit der Vater geliebt und gekannt wird und alle seine Kinder aus der Zerstreuung sammeln kann. Aber Jesus weiß, dass die Seinen noch von viel Furcht erfüllt sind, immer. Daher haucht er sie an und erneuert sie in seinem Heiligen Geist (vgl. Joh 20,22); diese Geste ist das Zeichen der neuen Schöpfung. Denn mit der Gabe des Heiligen Geistes, der aus dem auferstandenen Christus hervorgeht, beginnt eine neue

Welt. Mit der Aussendung der Jünger wird in der Welt der Weg des Volkes des Neuen Bundes eröffnet, des Volkes, das an ihn und an sein Heilswirken glaubt, des Volkes, das die Wahrheit der Auferstehung bezeugt. Diese Neuheit eines unvergänglichen Lebens, das durch Ostern gebracht wird, muss überall verbreitet werden, damit die Dornen der Sünde, die das Herz des Menschen verwunden, dem Samen der Gnade Raum geben, der Gegenwart Gottes und seiner Liebe, die Sünde und Tod überwinden. [...] Auch heute tritt der Auferstandene in unsere Häuser und in unsere Herzen ein, obwohl die Türen manchmal verschlossen sind. Er tritt ein und schenkt Freude und Frieden, Leben und Hoffnung: Gaben, die wir für unsere menschliche und geistliche Neugeburt brauchen. Nur er kann jene Grabsteine wegwälzen, die der Mensch oft auf seine Empfindungen, seine Beziehungen, sein Verhalten legt – Steine, die den Tod bestimmen: Spaltungen, Feindschaften, Groll, Neid, Misstrauen, Gleichgültigkeit. Nur er, der Lebendige, kann der Existenz Sinn verleihen und jene, die müde und traurig sind, die kein Vertrauen und keine Hoffnung haben, den Weg wieder aufnehmen lassen. Das haben die beiden Jünger erfahren, die am Ostertag auf dem Weg von Jerusalem nach Emmaus waren (vgl. Lk 24,13–35). Sie sprechen über Jesus, aber ihr trauriges Gesicht (vgl. V. 17) bringt enttäuschte Hoffnung, Ungewissheit und Schwermut zum Ausdruck. Sie hatten ihr Dorf verlassen, um Jesus mit seinen Freunden nachzufolgen, und hatten eine neue Wirklichkeit entdeckt, in der Vergebung und Liebe nicht mehr nur Worte waren, sondern das Leben konkret berührten. Jesus von Nazaret hatte alles neu gemacht, hatte ihr Leben verwandelt. Aber jetzt war er gestorben und alles schien zu Ende zu sein.

Meinen Frieden gebe ich euch.

Plötzlich sind jedoch nicht mehr zwei, sondern drei Personen unterwegs. Jesus kommt zu den beiden Jüngern hinzu und geht mit ihnen, aber sie sind unfähig, ihn zu erkennen. Gewiss, sie haben die Gerüchte über seine Auferstehung gehört, denn sie berichten ihm: »Einige Frauen aus unserem Kreis haben uns in große Aufregung versetzt. Sie waren in der Frühe beim Grab, fanden aber seinen Leichnam nicht. Als sie zurückkamen, erzählten sie, es seien ihnen Engel erschienen und hätten gesagt, er lebe« (V. 22–23). All das reichte jedoch nicht aus, um sie zu überzeugen: »Ihn selbst aber sahen sie nicht« (V. 24). Daraufhin legte Jesus ihnen geduldig dar, »ausgehend von Mose und allen Propheten, was in der gesamten Schrift über ihn geschrieben steht« (V. 27). Der Auferstandene erläutert den Jüngern die Heilige Schrift und bietet ihren grundlegenden Interpretationsschlüssel: sich selbst und sein Ostergeheimnis.

Bleib doch bei uns.

Über ihn legen die Schriften Zeugnis ab (vgl. Joh 5,39–47). Plötzlich weitet sich der Sinn von allem, der Sinn des Gesetzes, der Propheten und der Psalmen; er wird vor ihren Augen deutlich. Jesus hatte ihnen die Augen für das Verständnis der Schrift geöffnet (vgl. Lk 24,45). Inzwischen waren sie im Dorf angekommen, wahrscheinlich beim Haus eines von ihnen. Der fremde Weggefährte tut, »als wolle er weitergehen « (V. 28), aber dann bleibt er, weil sie ihn inständig bitten: »Bleib doch bei uns« (V. 29). Auch wir müssen dem Herrn immer wieder inständig sagen: »Bleib doch bei uns.« »Als er mit ihnen bei Tisch war, nahm er das Brot, sprach den Lobpreis, brach das Brot und gab es ihnen« (V. 30). Der Verweis auf die Gesten, die Jesus beim Letzten Abendmahl vollbracht hat, ist offensichtlich. »Da gingen ihnen die Augen auf und sie erkannten ihn« (V. 31). Die Gegenwart Jesu, erst mit Worten und dann mit der Geste des Brotbrechens, ermöglicht es den Jüngern, ihn zu erkennen, und sie können auf neue Weise spüren, was sie bereits empfunden hatten, als sie mit ihm gingen: »Brannte uns nicht das Herz in der Brust, als er unterwegs mit uns redete und uns den Sinn der Schrift erschloss?« (V. 32). Diese Episode verweist uns auf zwei vorrangige »Orte«, an denen wir dem Auferstandenen begegnen können, der unser Leben verwandelt: das Hören des Wortes, in Gemeinschaft mit Christus, und das Brechen des Brotes; zwei »Orte«, die zutiefst miteinander verbunden sind, denn »Wort und Eucharistie gehören so eng zueinander, dass eines nicht ohne das andere verstanden werden kann: Das Wort Gottes wird im eucharistischen Geschehen sakramentales Fleisch« (Nachsynodales Apostolisches Schreiben Verbum Domini, 55).

Der Herr ist wirklich auferstanden.

Nach dieser Begegnung, »noch in derselben Stunde, brachen [die beiden Jünger] auf und kehrten nach Jerusalem zurück, und sie fanden die Elf und die anderen Jünger versammelt. Diese sagten: Der Herr ist wirklich auferstanden und ist dem Simon erschienen« (V. 33–34). In Jerusalem hören sie die Nachricht der Auferstehung Jesu und berichten ihrerseits über ihre eigene Erfahrung, entflammt von der Liebe zum Auferstandenen, der ihnen das Herz geöffnet hat für eine überschwängliche Freude. Wie der hl. Petrus sagt, wurden sie in seinem großen Erbarmen neu geboren zu einer lebendigen Hoffnung durch die Auferstehung Jesu Christi von den Toten (vgl. 1 Petr 1,3). Denn in ihnen entsteht wieder die Begeisterung für den Glauben, die Liebe zur Gemeinschaft, das Bedürfnis, die gute Nachricht weiterzugeben. Der Meister ist auferstanden, und mit ihm ersteht alles Leben auf; dies zu bezeugen wird für sie zu einer Notwendigkeit, die nicht unterdrückt werden kann.

Generalaudienz am 11. April 2012

Der Besuch des Auferstandenen

Reich an göttlicher Barmherzigkeit und Güte ist der Abschnitt aus dem Evangelium des hl. Johannes (20,19–31) […]. Es wird dort berichtet, dass Jesus nach der Auferstehung die Jünger besuchte und dabei durch die verschlossenen Türen des Abendmahlssaales trat. Der hl. Augustinus erklärt: »Dem Körper aber, in dem die Gottheit war, leisteten die verschlossenen Türen keinen Widerstand. Der nämlich konnte, ohne dass sie geöffnet wurden, eintreten, bei dessen Geburt die Jungfräulichkeit der Mutter unverletzt blieb« (In Ioh. 121,4: CCL 36/7, 667); und der hl. Gregor der Große fügt hinzu, dass unser Erlöser nach seiner Auferstehung mit einem unverweslichen und berührbaren Leib, jedoch in einem Zustand der Herrlichkeit gekommen sei (vgl. Hom. in Evang., 21,1: CCL 141, 219). Jesus zeigt die Zeichen der Passion, und er geht so weit, sie den ungläubigen Thomas berühren zu lassen. Wie aber ist es möglich, dass ein Jünger zweifeln kann? Tatsächlich gestattet es uns die göttliche Huld, über die gläubigen Jünger hinaus auch aus der Ungläubigkeit des Thomas Gewinn zu ziehen. Denn als der zögernde Jünger die Wundmale des Herrn berührt, heilt er nicht nur sein eigenes Misstrauen, sondern auch das unsrige.

Der Besuch des Auferstandenen beschränkt sich nicht auf den Raum des Abendmahlssaals, sondern geht über ihn hinaus, damit alle das Geschenk des Friedens und des Lebens mit dem »schöpferischen Hauch« empfangen können. Zweimal nämlich sagte Jesus zu den Jüngern: »Friede sei mit euch!«, und er fügte hinzu: »Wie mich der Vater gesandt hat, so sende ich euch.« Nachdem er das gesagt hatte, hauchte er sie an und sprach zu ihnen: »Empfangt den Heiligen Geist! Wem ihr die Sünden vergebt, dem sind sie vergeben; wem ihr die Vergebung verweigert, dem ist sie verweigert.« Das ist die Sendung der Kirche unter dem fortwährenden Beistand des Parakleten: allen die frohe Botschaft zu überbringen, die freudige Wirklichkeit der barmherzigen Liebe Gottes, »damit ihr glaubt – wie der hl. Johannes sagt –, dass Jesus der Messias ist, der Sohn Gottes, und damit ihr durch den Glauben das Leben habt in seinem Namen« (20,31).

Regina-Coeli-Gebet am 11. April 2010

Die Zeugen des Auferstandenen

Während [die Emmausjünger] untröstlich über den Tod ihres Meisters nach Hause zurückgingen (vgl. Lk 24,13-35), gesellte sich der Herr als Weggefährte zu ihnen, ohne dass sie ihn erkannt hätten. Seine erläuternden Worte zur Schrift, die sich auf ihn bezogen, ließen die Herzen der beiden Jünger brennen, die ihn, als sie am Ziel angekommen waren, baten, bei ihnen zu bleiben. Als er schließlich »das Brot nahm, den Lobpreis sprach, das Brot brach und es ihnen gab« (vgl. V. 30), da gingen ihnen die Augen auf. Aber im selben Augenblick entzog sich Jesus ihrem Blick. Sie erkannten ihn also, als er verschwand. In seinem Kommentar zu dieser Episode aus dem Evangelium schreibt der hl. Augustinus: »Jesus bricht das Brot, sie erkennen ihn. Sagen wir also nicht mehr, dass wir Christus nicht kennen! Wenn wir glauben, kennen wir ihn! Ja, wenn wir glauben, haben wir ihn! Sie hatten Christus an ihrem Tisch, wir haben ihn in unserer Seele!« Und er schließt: »Christus in seinem Herzen zu haben, ist viel mehr als ihn in seiner Heimstatt zu haben: Denn unser Herz ist uns vertrauter als unser Haus« (vgl. Sermo 232, VII, 7; PL 38). Versuchen wir wirklich, Jesus im Herzen zu tragen.
Im Vorwort zur Apostelgeschichte sagt der hl. Lukas, dass der auferstandene Herr »nach seinem Leiden (den Aposteln) durch viele Beweise gezeigt hat, dass er lebt; vierzig Tage hindurch ist er ihnen erschienen« (Apg 1,3). Das muss richtig verstanden werden: Wenn der heilige Verfasser von ihm sagt, »er hat gezeigt, dass er lebt«, will er damit nicht sagen, dass Jesus in das frühere Leben zurückgekehrt ist wie Lazarus. Das Ostern, das wir feiern,

bedeutet, wie der hl. Bernhard feststellt, »Übergang« und nicht »Rückkehr«, denn Jesus ist nicht in die vorige Situation zurückgekehrt, sondern »er hat die Grenze zu einem glorreicheren Zustand überschritten«, der neu und endgültig ist. Er fügt deshalb hinzu: »Nun ist Christus wahrhaftig in ein neues Leben übergegangen« (vgl. Predigt über Ostern; PL 183).

Wir werden Christus nicht sehen, wenn wir uns nicht rückwärts wenden.

Zu Maria Magdalena hatte der Herr gesagt: »Halte mich nicht fest; denn ich bin noch nicht zum Vater hinaufgegangen« (Joh 20,17). Ein Wort, das uns überrascht, vor allem wenn wir es mit dem vergleichen, was mit dem ungläubigen Thomas geschieht. Dort im Abendmahlssaal zeigt der Auferstandene selbst dem Apostel die Hände und die Seite, damit er sie berührte und daraus die Gewissheit gewann, dass es tatsächlich Er war (vgl. Joh 20,27). In Wirklichkeit besteht zwischen den beiden Episoden kein Widerspruch; im Gegenteil, die eine hilft uns, die andere zu verstehen. Maria Magdalena möchte ihren Meister so wiederhaben wie vorher und hält das Kreuz für eine dramatische Erinnerung, die man vergessen kann. Doch für eine rein menschliche Beziehung mit dem Auferstandenen ist jetzt kein Platz mehr. Um ihm zu begegnen, muss man nicht zurückkehren, sondern auf neue Weise zu ihm in Beziehung treten: Man muss weitergehen! Das unterstreicht der hl. Bernhard: Jesus »lädt uns alle zu diesem neuen Leben, zu diesem Übergang ein ... Wir werden Christus nicht sehen, wenn wir uns nach rückwärts wenden« (Predigt über Ostern; PL 183). Und genau das ist bei Thomas geschehen.

Jesus zeigt ihm seine Wundmale nicht, um das Kreuz zu vergessen, sondern um es auch in Zukunft unvergesslich zu machen. Denn der Blick ist nunmehr in die Zukunft gerichtet. Aufgabe des Jüngers ist es, Zeugnis zu geben vom Tod und von der Auferstehung seines Meisters und von seinem neuen Leben. Darum fordert Jesus seinen ungläubigen Freund dazu auf, »ihn zu berühren«: Er will ihn zum direkten Zeugen seiner Auferstehung machen. [...] Wie Maria Magdalena, Thomas und die anderen Apostel, sind auch wir gerufen, Zeugen des Todes und der Auferstehung Christi zu sein. Wir können die großartige Nachricht nicht für uns behalten. Wir müssen sie der ganzen Welt überbringen: »Wir haben den Herrn gesehen!« (Joh 20,25

Generalaudienz am 11. April 2007

Zeugen der Ereignisse

Der hl. Lukas [berichtet], wie die beiden Emmausjünger, nachdem sie Ihn erkannt hatten, »als er das Brot brach«, voll Freude nach Jerusalem gingen, um den anderen mitzuteilen, was sie erlebt hatten. Und während sie noch darüber redeten, trat der Herr selbst zu ihnen und zeigte ihnen seine Hände und Füße mit den Wundmalen der Passion. In Anbetracht des ungläubigen Staunens der Apostel ließ Jesus sich ein Stück gebratenen Fisch geben und aß es vor ihren Augen (vgl. Lk 24,35–43). In diesem und den anderen Berichten ist eine wiederholte Einladung erkennbar, den Unglauben zu überwinden und an die Auferstehung Christi zu glauben, weil seine Jünger aufgerufen sind, Zeugen eben dieses außerordentlichen Ereignisses zu sein. Die Auferstehung Christi ist der zentrale Punkt des Christentums, eine grundlegende Wahrheit, die zu jeder Zeit nachdrücklich bestätigt werden muss, denn sie zu leugnen – was auf vielerlei Weise versucht wurde und wird – oder sie in ein rein spirituelles Geschehen zu verwandeln bedeutet, unseren Glauben selbst zunichte zu machen. »Ist aber Christus nicht auferweckt worden«, betont der hl. Paulus, »dann ist unsere Verkündigung leer und euer Glaube sinnlos« (1 Kor 15,14).

Regina-Coeli-Gebet am 30. April 2006

Das Geheimnis des Osterlichts

Das Licht Ostern

Das Geheimnis des Lichts Gottes

Licht der Auferstehung

Das Damaskuserlebnis und die Auferstehung

Das Licht Ostern

Christus resurrexit! – Christus ist auferstanden!
[...] Unzählige Osterkerzen sind in den Kirchen entzündet worden, um das Licht Christi zu symbolisieren, das die Menschheit erleuchtet hat und weiter erleuchtet, indem es die Finsternis der Sünde und des Bösen für immer besiegt. Und heute ertönen machtvoll die Worte, welche die Frauen in Erstaunen setzten, die am ersten Tag nach dem Sabbat zum Grab gekommen waren, wo man den eilig vom Kreuz abgenommenen Leichnam Jesu beigesetzt hatte. Betrübt und untröstlich über den Verlust ihres Meisters, hatten sie den großen Stein schon vom Eingang weggewälzt vorgefunden, und beim Eintreten in das Grab sahen sie, dass sein Leib nicht mehr da war. Während sie so verunsichert und verloren dastanden, wurden sie von zwei Männern in leuchtenden Gewändern überrascht, die sagten: »Was sucht ihr den Lebenden bei den Toten? Er ist nicht hier, sondern er ist auferstanden« (Lk 24, 5-6). »Non est hic, sed resurrexit« (Lk 24, 6). Seit jenem Morgen hören diese Worte nicht auf, im Universum nachzuklingen als Verkündigung der Freude – eine Verkündigung, die unverändert die Jahrhunderte durchzieht und zugleich reich ist an unendlichen und immer neuen Resonanzen.
»Er ist nicht hier ... er ist auferstanden.« Die himmlischen Boten teilen zunächst mit, dass Jesus »nicht hier« ist: Der Sohn Gottes ist nicht mehr im Grab, denn er konnte unmöglich ein Gefangener des Todes bleiben (vgl. Apg 2, 24), und das Grab konnte den »Lebendigen« (vgl. Offb 1, 18), der die Quelle des Lebens selber ist, nicht festhalten. Wie Jona im Bauch des Fisches, so blieb auch

der gekreuzigte Christus im Verlauf eines Sabbats »verschlungen« im Innern der Erde (vgl. Mt 12, 40). Es war wirklich »dieser Sabbat ein großer Feiertag«, wie der Evangelist Johannes schreibt (19, 31): der feierlichste der Geschichte, denn an ihm führte der »Herr über den Sabbat« (Mt 12, 8) das Schöpfungswerk zur Vollendung (vgl. Gen 2, 1-4a), indem er den Menschen und den gesamten Kosmos in die Freiheit und Herrlichkeit der Kinder Gottes erhob (vgl. Röm 8, 21). Nachdem dieses außerordentliche Werk vollbracht war, ist der leblose Leib vom lebendigen Atem Gottes durchweht worden, hat das Hindernis des Grabes gesprengt und ist glorreich auferstanden. Darum erklären die Engel: »Er ist nicht hier«, er kann sich nicht mehr im Grab befinden. Er ist auf der Erde der Menschen unterwegs gewesen und hat seinen Weg im Grab beendet wie alle, doch er hat den Tod überwunden, und in absolut neuer Weise, durch einen Akt reiner Liebe, hat er die Erde geöffnet, sie weit aufgerissen zum Himmel hin.
Seine Auferstehung wird dank der Taufe, die uns in ihn »einfügt«, unsere Auferstehung. Das hatte der Prophet Ezechiel vorhergesagt: »Ich öffne eure Gräber und hole euch, mein Volk, aus euren Gräbern heraus. Ich bringe euch zurück in das Land Israel« (Ez 37, 12). Diese prophetischen Worte bekommen am Ostertag eine einzigartige Gültigkeit, denn heute erfüllt sich die Verheißung des Schöpfers; heute, auch in dieser unserer von Unruhe und Unsicherheit gezeichneten Zeit, erleben wir erneut das Ereignis der Auferstehung, die das Wesen unseres Lebens verwandelt, die Geschichte der Menschheit verändert hat. Vom auferstandenen Christus erwarten – manchmal auch unbewusst – all jene Hoffnung, die immer noch eingezwängt sind durch die Fesseln des Leidens und des Todes.

Botschaft und Segen »Urbi et Orbi« am 16. April 2006

Das Geheimnis des Lichts Gottes

Ostern ist Fest der Neuschöpfung. Jesus ist auferstanden und stirbt nicht mehr. Er hat die Tür zu einem neuen Leben aufgestoßen, das keine Krankheit und keinen Tod mehr kennt. Er hat den Menschen in Gott selbst hineingenommen. »Fleisch und Blut können das Reich Gottes nicht erben«, hatte Paulus im 1. Korinther-Brief gesagt (15, 50). Der Kirchenschriftsteller Tertullian hatte im 3. Jahrhundert im Hinblick auf die Auferstehung Christi und unsere Auferstehung die Kühnheit zu schreiben: »Seid nur getrost, Fleisch und Blut, durch Christus habt ihr Platz gewonnen im Himmel und im Reich Gottes« (CCL II 994). Eine neue Dimension hat sich für den Menschen aufgetan. Die Schöpfung ist größer und weiter geworden. Ostern ist der Tag einer Neuschöpfung, aber eben deshalb beginnt die Kirche an diesem Tag die Liturgie mit der alten Schöpfung, damit wir die neue recht zu verstehen lernen. Deshalb steht am Anfang des Wortgottesdienstes der Osternacht der Bericht von der Erschaffung der Welt. Zwei Dinge sind daran im Zusammenhang der Liturgie dieses Tages besonders wichtig. Zum einen: Die Schöpfung wird als eine Ganzheit dargestellt, zu der das Phänomen der Zeit gehört. Die sieben Tage sind ein Bild für eine Ganzheit, die sich in der Zeit entfaltet. Sie sind hingeordnet auf den siebten Tag, den Tag der Freiheit aller Geschöpfe für Gott und füreinander. Schöpfung ist also ausgerichtet auf das Miteinander von Gott und Geschöpf; sie ist da, damit ein Raum der Antwort auf Gottes große Herrlichkeit sei, eine Begegnung der Liebe und der Freiheit. Zum anderen hört die Kirche in der Osternacht vom Schöpfungsbericht vor allem den ersten Satz: »Gott sprach: Es werde Licht« (Gen 1, 3). Der Schöpfungsbericht beginnt zeichenhaft mit der Schöpfung des Lichts. Sonne und Mond werden erst am vierten Tag erschaffen. Der Schöpfungsbericht nennt sie Lampen, die Gott am Himmelsgewölbe aufgehängt hat. Er nimmt ihnen damit bewusst den göttlichen Charakter, den ihnen die großen Religionen beigelegt hatten. Nein, sie sind keine Götter. Sie sind leuchtende Körper, die der eine Gott geschaffen hat. Ihnen voraus aber geht das Licht, durch das Gottes Herrlichkeit sich im Wesen des geschöpflichen Seins widerspiegelt.

Es werde Licht!

Was will der Schöpfungsbericht damit sagen? Licht ermöglicht Leben. Es ermöglicht Begegnung. Es ermöglicht Kommunikation. Es ermöglicht Erkenntnis, Zugang zur Wirklichkeit, zur Wahrheit. Und indem es Erkenntnis ermöglicht, ermöglicht es Freiheit und Fortschritt. Das Böse verbirgt sich. Licht ist daher auch Ausdruck für das Gute, das Helligkeit ist und schafft. Es ist Tag, an dem wir zu wirken vermögen. Dass Gott das Licht geschaffen hat, bedeutet: Gott hat die Welt als einen Raum der Erkenntnis und der Wahrheit, als einen Raum der Begegnung und der Freiheit, als Raum des Guten und der Liebe geschaffen. Der Grundstoff der Welt ist gut, das Sein selber ist gut. Und das Böse kommt nicht aus dem von Gott geschaffenen Sein, sondern es existiert nur aufgrund der Verneinung. Es ist das Nein.

Zu Ostern, am Morgen des ersten Wochentages hat Gott von neuem gesagt: »Es werde Licht.« Die Nacht am Ölberg war vorausgegangen. Die Sonnenfinsternis der Passion und des Todes Jesu, die Nacht des Grabes. Aber nun ist wieder der erste Tag – die Schöpfung beginnt ganz neu. »Es werde Licht«, sagt Gott, »und es wurde Licht«: Jesus steht aus dem Grabe auf. Das Leben ist stärker als der Tod. Das Gute ist stärker als das Böse. Die Liebe ist stärker als der Hass. Die Wahrheit ist stärker als die Lüge. Das Dunkel der vergangenen Tage ist vertrieben in dem Augenblick, in dem Jesus aus dem Grab aufersteht und selbst reines Licht Gottes wird. Dies aber bezieht sich nicht nur auf ihn allein und bezieht sich nicht nur auf die Finsternis jener Tage. Mit der Auferstehung Jesu ist das Licht selbst neu geschaffen. Er zieht uns alle nach in das neue Leben der Auferstehung hinein und besiegt alles Dunkel. Er ist der neue Tag Gottes, der uns allen gilt.

Christus nimmt dich bei der Hand.

Aber wie soll das geschehen? Wie soll all dies bis zu uns kommen, so dass es nicht nur Wort bleibt, sondern Wirklichkeit wird, in die wir einbezogen sind? Durch das Sakrament der Taufe und das Bekenntnis des Glaubens hat der Herr eine Brücke zu uns herübergebaut, durch die der neue Tag zu uns kommt. In der Taufe sagt der Herr zu demjenigen, der sie empfängt: Fiat lux – Es werde Licht. Der neue Tag Gottes – der Tag des unzerstörbaren Lebens kommt auch zu uns. Christus nimmt dich bei der Hand. Du wirst von nun an von ihm gehalten und gehst so in das Licht, in das wirkliche Leben hinein. Deshalb hat die alte Kirche die Taufe Photismos genannt – Erleuchtung.

Wieso? Das eigentlich bedrohliche Dunkel für den Menschen ist es doch, dass er zwar die greifbaren materiellen Dinge sehen und untersuchen kann, dass er aber nicht sieht, wohin die Welt geht und woher sie kommt. Wohin unser eigenes Leben geht. Was das Gute und was das Böse ist. Das Gottesdunkel und das Wertedunkel ist die eigentliche Bedrohung unserer Existenz und der Welt überhaupt. Wenn Gott und die Werte, der Unterschied von Gut und Böse dunkel bleiben, dann sind alle anderen Erleuchtungen, die uns ein so unglaubliches Können ermöglichen, nicht nur Fortschritte, sondern zugleich Bedrohungen, die uns und die Welt gefährden. Wir können heute unsere Städte so grell erleuchten, dass die Sterne des Himmels nicht mehr sichtbar sind. Ist das nicht ein Bild für die Problematik unserer Aufgeklärtheit? Wir wissen und können in den materiellen Dingen unerhört vieles, aber was darüber hinausgeht, Gott und das Gute, vermögen wir nicht mehr zu identifizieren. Deshalb ist der Glaube, der uns das Licht Gottes zeigt, die wahre Aufklärung, ist Einbruch von Gottes Licht in unsere Welt, Öffnung unserer Augen für das wirkliche Licht. [...] Die Kirche stellt in der Osternacht, der Nacht der neuen Schöpfung, das Geheimnis des Lichts mit einem ganz eigenen, sehr demütigen Symbol dar: mit der Osterkerze. Dies ist ein Licht, das vom Opfer lebt. Die Kerze leuchtet, indem sie sich selber verbrennt. Sie gibt Licht, indem sie sich selber gibt. So stellt sie auf wunderbare Weise das österliche Geheimnis Christi dar, der sich gibt und so das große Licht schenkt. Als zweites können wir bedenken, dass das Licht der Kerze Feuer ist. Feuer ist Kraft der Gestaltung der Welt, Macht der Verwandlung. Und Feuer gibt Wärme. Auch hier wird wieder das Geheimnis Christi sichtbar. Christus, das Licht, ist Feuer, ist Flamme, die das Böse verbrennt und so die Welt und uns selber umgestaltet. »Wer mir nahe ist, ist dem Feuer nahe«, lautet ein Wort Jesu, das uns Origenes überliefert hat. Und dieses Feuer ist zugleich Wärme, nicht kaltes Licht, sondern Licht, in dem die Wärme und die Güte Gottes auf uns zukommen.

Dies ist ein Licht, das vom Opfer lebt.

Der große Hymnus des Exsultet, den der Diakon zu Beginn der Osterliturgie singt, weist uns ganz leise noch auf einen weiteren Gesichtspunkt hin. Er erinnert daran, dass dieses Gebilde, die Kerze, zuallererst der Arbeit der Bienen zu verdanken ist. So spielt die ganze Schöpfung herein. Die Schöpfung wird in der Kerze zum Träger des Lichts. Aber irgendwie steckt darin nach dem Gedanken der Väter auch ein stiller Hinweis auf die Kirche. Das Zusammenwirken der lebendigen Gemeinschaft der Gläubigen in der Kirche ist gleichsam wie das Wirken der Bienen. Es baut die Gemeinschaft des Lichtes auf. So dürfen wir in der Kerze auch einen Anruf an uns selbst und an unser Miteinander in der Gemeinschaft der Kirche sehen, die da ist, damit das Licht Christi in die Welt hineinleuchten kann.

Bitten wir den Herrn [...] darum, dass er uns die Freude seines Lichts erfahren lässt, und bitten wir ihn darum, dass wir selber Träger seines Lichts werden, dass das Leuchten von Christi Antlitz durch die Kirche in die Welt hereintritt (vgl. LG 1). Amen.

Predigt in der Vigil der Osternacht am 7. April 2012

Licht der Auferstehung

Der heilige Markus erzählt uns in seinem Evangelium, dass die Jünger beim Herabsteigen vom Berg der Verklärung miteinander darüber diskutierten, was das bedeute: »von den Toten auferstehen« (vgl. Mk 9, 10). Der Herr hatte ihnen zuvor sein Leiden und die Auferstehung nach drei Tagen angekündigt. Petrus hatte Einspruch gegen die Ankündigung des Todes erhoben. Aber nun fragten sie sich, was denn mit Auferstehung gemeint sein könne. Geht es uns nicht auch so? Weihnachten, die Geburt des göttlichen Kindes, ist uns irgendwie unmittelbar zugänglich. Das Kind können wir lieben, uns die Nacht zu Betlehem vorstellen, die Freude Marias, die Freude des heiligen Josefs und der Hirten und den Jubel der Engel. Aber Auferstehung – was ist das? In unserem Erfahrungskreis kommt das nicht vor, und so bleibt die Botschaft häufig irgendwie unbegriffen in der Vergangenheit stehen. Die Kirche versucht, uns zum Verstehen zu führen, indem sie dieses geheimnisvolle Ereignis in die Sprache der Symbole übersetzt, in denen wir irgendwie das Wesen dieses umwälzenden Geschehens anschauen können. In der Osternacht zeigt sie uns vor allem in drei Symbolen an, was dieser Tag bedeutet: das Licht, das Wasser und das neue Lied – das Halleluja.

Da ist zunächst das Licht. Gottes Schöpfung – so sagt uns der eben gehörte biblische Bericht – beginnt mit dem Wort: »Es werde Licht!« (Gen 1, 3). Wo Licht ist, da entsteht Leben, da kann aus Chaos Kosmos werden. Für den biblischen Bericht ist das Licht das unmittelbarste Abbild Gottes selbst: Er ist ganz Helligkeit, Leben, Wahrheit, Licht. Die Kirche liest den Schöpfungsbericht in der Osternacht als Prophetie. In der Auferstehung geschieht auf größere Weise das, was dieser Text als Anfang aller Dinge schildert. Gott sagt neu: Es werde Licht! Die Auferstehung Jesu ist eine Eruption des Lichts. Tod wird überwunden, das Grab aufgerissen. Der Auferstandene selbst ist Licht, das Licht der Welt. Mit der Auferstehung tritt der Tag Gottes in die Nächte der Geschichte hinein. Von der Auferstehung her verbreitet sich Gottes Licht durch die Welt und die Geschichte. Es wird Tag. Erst dieses Licht – Jesus Christus – ist das wahre Licht, mehr als das physikalische Phänomen Licht. Er ist das reine Licht: Gott selbst, der eine neue Schöpfung mitten in der alten werden lässt, Chaos zu Kosmos gestaltet.

Er ist das reine Licht.

Versuchen wir, das noch etwas näher zu verstehen. Wieso ist Christus Licht? Im Alten Testament wurde die Tora als das von Gott kommende Licht für die Welt und für die Menschen angesehen. Sie scheidet in der Schöpfung Licht und Finsternis, das heißt Gut und Böse. Sie zeigt dem Menschen, wo der rechte Weg verläuft, um wirklich zu leben. Sie zeigt ihm das Gute, zeigt ihm die Wahrheit und führt ihn zur Liebe, die ihr tiefster Inhalt ist. Sie ist »Leuchte für den Fuß und Licht für den Pfad« (Ps 119, 105). Und nun wussten die Christen: In Christus ist die Tora, in ihm ist Gottes Wort als Person da. Gottes Wort ist das eigentliche Licht, das der Mensch braucht. Dieses Wort ist in ihm, dem Sohn, gegenwärtig. Der Psalm 19 hatte die Tora mit der aufgehenden Sonne verglichen, die Gottes Herrlichkeit über die weite Welt hin sichtbar zeigt. Die Christen begreifen: Ja, Gottes Sohn ist als Licht aufgegangen über der Welt in der Auferstehung. Christus ist das große Licht, von dem alles Leben kommt. Er lässt uns Gottes Herrlichkeit erkennen von einem Ende der Erde bis zum anderen. Er zeigt uns den Weg. Er ist Gottes Tag, der sich nun wachsend ausbreitet über die Erde. Nun können wir im Licht leben, indem wir mit ihm und für ihn leben.

In der Osternacht stellt die Kirche das Lichtgeheimnis Christi im

Zeichen der Osterkerze dar, deren Flamme zugleich Licht und Wärme ist. Die Symbolik des Lichts ist mit der des Feuers verbunden: Helligkeit und Wärme, Helligkeit und Energie der Verwandlung, die im Feuer liegt – Wahrheit und Liebe gehören zusammen. Die Osterkerze brennt und verzehrt sich dabei: Kreuz und Auferstehung sind untrennbar. Aus dem Kreuz, dem Sichgeben des Sohnes, kommt das Licht, kommt die wahre Helligkeit in die Welt. An der Osterkerze entzünden wir alle unsere Kerzen, besonders die Kerzen der Neugetauften, denen in diesem Sakrament das Licht Christi ins Herz gesenkt wird. Die alte Kirche hat die Taufe als Photismos, als Sakrament der Erleuchtung, als Licht-Mitteilung bezeichnet und sie untrennbar mit der Auferstehung Christi verbunden. In der Taufe sagt Gott zum Täufling: Es werde Licht! Der Täufling wird ins Licht Christi hineingehalten. Christus scheidet nun zwischen Licht und Finsternis. An ihm erkennen wir, was wahr und was falsch, was Helligkeit und was Dunkel ist. Mit ihm geht uns das Licht der Wahrheit auf. Als Christus einmal die Menschen sah, die zusammengekommen waren, um ihn zu hören, und von ihm Orientierung erwarteten, hatte er Mitleid mit ihnen, weil sie wie Schafe ohne Hirten waren (vgl. Mk 6, 34). Inmitten der einander widerstreitenden Strömungen ihrer Zeit wussten sie nicht, woran sich halten. Wieviel Mitleid muss er auch mit unserer Zeit empfinden – ob all des großen Geredes, in dem sich doch eine große Orientierungslosigkeit verbirgt. Wohin sollen wir gehen? Was sind die Werte, an die wir uns halten können? Die Werte, nach denen wir erziehen dürfen, ohne den jungen Menschen aufzuerlegen, was vielleicht nicht standhält und nicht auferlegt werden darf? Er ist das Licht. Die Taufkerze ist Sinnbild für die Erleuchtung, die uns in der Taufe geschenkt wird. So spricht in dieser Stunde auch der heilige Paulus ganz unmittelbar zu uns. Im Philipper-Brief sagt er, in einer verkehrten und verwirrten Generation sollten die Christen

> Mit ihm geht uns das Licht der Wahrheit auf.

als Lichter in der Welt leuchten (vgl. Phil 2, 15). Bitten wir den Herrn, dass das kleine Licht der Kerze, das er in uns entzündet hat, das leise Licht seines Wortes und seiner Liebe in uns in den Wirren dieser Zeit nicht ausgelöscht, sondern heller und größer wird. Dass wir mit ihm Menschen des Tages seien, Lichter für unsere Zeit.

Das zweite große Symbol der Osternacht – der Taufnacht – ist das Wasser. Es erscheint in der Heiligen Schrift und so auch im inneren Aufbau des Taufsakraments in zwei gegensätzlichen Bedeutungen. Da ist zum einen das Meer, das als die Gegenmacht zum Leben auf der Erde erscheint, als deren immerwährende Bedrohung, der Gott freilich eine Grenze gesetzt hat. Deshalb sagt die Apokalypse von der neuen Welt Gottes, dass es da das Meer nicht mehr gebe (vgl. 21, 1). Es ist das Element des Todes. Und so wird es zur symbolischen Darstellung von Christi Tod am Kreuz: Christus ist in das Meer, in die Wasser des Todes hinabgestiegen wie Israel in das Rote Meer. Aus dem Tod auferstanden schenkt er uns das Leben. Das bedeutet, dass die Taufe nicht nur Waschung ist, sondern Neugeburt: Wir steigen gleichsam mit Christus in das Meer des Todes hinunter, um als neue Geschöpfe heraufzusteigen.

Predigt zur Feier der Osternacht am 11. April 2009

Das Damaskuserlebnis und die Auferstehung

Auf der Straße vor Damaskus ereignete sich nämlich Anfang der Dreißigerjahre des 1. Jahrhunderts der entscheidende Augenblick im Leben des Paulus – nach einer Zeit, in der er die Kirche verfolgt hatte. Darüber ist viel und natürlich unter verschiedenen Gesichtspunkten geschrieben worden. Sicher ist, dass dort eine Wende, ja eine Umkehr der Sichtweise erfolgt ist. Ganz unerwartet begann er nun alles, was für ihn bis dahin das höchste Ideal, ja gleichsam den Grund seiner Existenz darstellte, als »Verlust« und »Unrat« anzusehen (vgl. Phil 3,7-8). Was war geschehen?

Wir haben dazu zwei Arten von Quellen. Die erste und bekannteste sind die Berichte aus der Feder des Lukas, der in der Apostelgeschichte dreimal von dem Ereignis berichtet (vgl. 9,1-19;22,3-21;26,4-23). Der durchschnittlich gebildete Leser ist vielleicht versucht, zu sehr bei einigen Details stehen zu bleiben, wie dem Licht vom Himmel, dem Zu-Boden-Stürzen, der Stimme, die ruft, dem neuen Zustand der Blindheit, der Heilung, als fielen gleichsam Schuppen von den Augen, und dem Fasten. Aber alle diese Details beziehen sich auf den Mittelpunkt des Geschehens: Der auferstandene Christus erscheint als strahlendes Licht und spricht zu Saulus, verwandelt dessen Denken und Leben Der Glanz des Auferstandenen lässt ihn erblinden. So tritt auch äußerlich das zutage, was seine innere Wirklichkeit war, seine Blindheit gegenüber der Wahrheit, dem Licht, das Christus ist. Und dann öffnet sein endgültiges »Ja« zu Christus in der Taufe wieder seine Augen, lässt ihn wirklich sehen.

In der frühen Kirche wurde die Taufe auch »Erleuchtung« genannt, weil dieses Sakrament das Licht schenkt und wirklich sehen lässt. Alles, was somit theologisch angedeutet wird, verwirklicht sich in Paulus auch leiblich: Nachdem er von seiner inneren Blindheit geheilt ist, sieht er gut. Der hl. Paulus ist also nicht von einem Gedanken, sondern von einem Ereignis verwandelt worden, von der unwiderstehlichen Gegenwart des Auferstandenen, an der er fortan nie zweifeln können wird, so stark war die Offenkundigkeit des Ereignisses, dieser Begegnung. Sie änderte das Leben des Paulus grundlegend; in diesem Sinn kann und muss man von einer Bekehrung sprechen. Diese Begegnung bildet den Mittelpunkt der Erzählung des hl. Lukas, der möglicherweise einen Bericht benutzt hat, der wahrscheinlich in der Gemeinde von Damaskus entstanden ist. Daran lässt das Lokalkolorit denken, das durch die Gegenwart des Hananias und die Namen sowohl der Straße als auch des Eigentümers des Hauses, in dem Paulus wohnte, vermittelt wird (vgl. Apg 9,11).

Der auferstandene Christus erscheint als ein strahlendes Licht.

Die zweite Art von Quellen über die Bekehrung stellen die Briefe des hl. Paulus dar. Er hat nie im einzelnen über dieses Ereignis gesprochen, weil er, so denke ich, annehmen konnte, dass alle das Wesentliche dieser seiner Geschichte kannten, denn alle wussten ja, dass er vom Verfolger in einen eifrigen Apostel Christi verwandelt worden war. Und as war nicht infolge eines eigenen Nachdenkens geschehen, sondern aufgrund eines bedeutsamen Ereignisses, einer Begegnung mit dem Auferstandenen. Auch wenn er nicht von den Details spricht, spielt er verschiedenen Male auf diese äußerst wichtige Tatsache an, dass nämlich auch er Zeuge der Auferstehung Jesu ist, deren Offenbarung er unmittelbar von Jesus selbst empfangen hat, zusammen mit der Sendung als Apostel. Der klarste Text dazu findet sich in seiner Erzählung darüber, was den Mittelpunkt der Heilsgeschichte bildet:

der Tod und die Auferstehung Jesu und die Erscheinungen vor den Zeugen (vgl. 1 Kor 15). Mit Worten der ältesten Überlieferung, die auch er von der Kirche von Jerusalem empfangen hat, sagt er, dass der am Kreuz gestorbenen, begrabene und auferstandene Jesus nach der Auferstehung zuerst dem Kephas, also Petrus, dann den Zwölf, danach fünfhundert Brüdern erschienen war, die zum Großteil zu jener Zeit noch lebten; dann dem Jakobus, dann allen Aposteln. Und zu dieser aus der Überlieferung empfangenen Erzählung fügt er hinzu: »Als letztem von allen erschien er auch mir« (1 Kor 15,8). So gibt er zu verstehen, dass dies das Fundament seines Apostolats und seines neuen Lebens ist. Es gibt noch andere Texte, in denen dasselbe zum Vorschein kommt: Durch Jesus Christus haben wir die Gnade des Apostelamts empfangen« (vgl. Röm 1,5); und weiter: »Habe ich nicht Jesus, unseren Herrn, gesehen?« (1 Kor 9,1). Worte, mit denen er auf etwas anspielt, das alle wissen. Und schließlich ist in dem am meisten verbreiteten Text (Gal 1,15-17) zu lesen: »Als aber Gott, der mich schon im Mutterleib auserwählt und durch seine Gnade berufen hat, mir in seiner Güte seinen Sohn offenbarte, damit ich ihn unter den Heiden verkündige, da zog ich keinen Menschen zu Rate; ich ging auch nicht sogleich nach Jerusalem hinauf zu denen, die vor mir Apostel waren, sondern zog nach Arabien und kehrte dann wieder nach Damaskus zurück.« In dieser »Selbstverteidigung« hebt er entschieden hervor, dass auch er wahrer Zeuge des Auferstandenen ist, eine eigene Sendung hat, die er unmittelbar vom Auferstandenen empfangen hat.

Durch Jesus Christus haben wir die Gnade des Apostelamts empfangen.

So können wir sehen, dass die beiden Quellen, die Apostelgeschichte und die Briefe des hl. Paulus, im grundlegenden Punkt zusammengehen und übereinstimmen: Der Auferstandene hat zu Paulus gesprochen, er hat ihn zum Apostolat berufen aus ihm einen wahren Apostel gemacht, einen Zeugen der Auferstehung, mit dem besonderen Auftrag, das Evangelium den Heiden, der griechisch-römischen Welt, zu verkünden. Und gleichzeitig hat Paulus gelernt, dass er trotz der Unmittelbarkeit seiner Beziehung zum Auferstandenen in die Gemeinschaft der Kirche eintreten muss, dass er sich taufen lassen und im Einklang mit den anderen Aposteln leben muss. Nur in dieser Gemeinschaft mit allen wird er ein wahrer Apostel sein können, wie er im Ersten Brief an die Korinther ausdrücklich schreibt: »Ob nun ich verkündige oder die anderen: das ist unsere Botschaft, und das ist der Glaube, den ihr angenommen hat« (15,11). Es gibt nur eine Verkündigung des Auferstandenen, denn Christus gibt es nur einen.

Wie man sieht, interpretiert Paulus an allen diesen Stellen diesen Augenblick nie als ein Bekehrungsgeschehen. Warum? Darüber gibt es viele Hypothesen, aber für mich liegt der Grund klar auf der Hand. Diese Wende seines Lebens, diese Verwandlung seines ganzen Seins war nicht das Ergebnis eines psychologischen Prozesses, einer intellektuellen oder moralischen Reifung oder Evolution, sondern sie kam von außen: Sie war nicht das Ergebnis seines Denkens, sondern der Begegnung mit Jesus Christus. In diesem Sinne war es nicht einfach eine Bekehrung, ein Reifwerden seines »Ichs«, sondern es war Tod und Auferstehung für ihn selbst: Eine Existenz starb, und eine andere neue entstand daraus mit dem auferstandenen Christus. Auf keine andere Weise kann diese Erneuerung des Paulus erklärt werden. Sämtliche psychologischen Analysen können das Problem weder klären noch lösen. Allein das Ereignis, die starke Begegnung mit Christus, ist der Schlüssel zum Verstehen dessen, was geschehen war: Tod und Auferstehung, Erneuerung durch den, der sich ihm gezeigt und mit ihm gesprochen hatte. In diesem tieferen Sinn können und müssen wir von Bekehrung sprechen. Diese Begegnung ist eine wirkliche Erneuerung, die alle

Das ist die Botschaft, das ist der Glaube, den ihr angenommen habt. (15,11).

seine Maßstäbe geändert hat. Jetzt kann er sagen, dass das, was vorher für ihn wesentlich und grundlegend war, zu »Unrat« geworden ist; es ist kein »Verdienst« mehr, sondern Verlust, weil nunmehr allein das Leben in Christus zählt.

Dennoch dürfen wir nicht denken, Paulus sei auf diese Weise in ein blindes Geschehen eingeschlossen worden. Wahr ist das Gegenteil, weil der auferstandene Christus das Licht der Wahrheit, das Licht Gottes selbst ist. Das hat sein Herz geweitet, es offen für alle gemacht. In diesem Augenblick hat er nichts von alldem verloren, was es an Gutem und Wahrem in seinem Leben, in seinem Erbe gegeben hat, sondern er hat auf neue Weise die Weisheit, die Wahrheit, die Tiefe des Gesetzes und der Propheten verstanden und hat sich diese auf neue Weise wieder angeeignet. Gleichzeitig hat sich seine Vernunft der Weisheit der Heiden geöffnet; da er sich mit ganzem Herzen Christus geöffnet hatte, ist er zu einem umfassenden Dialog mit allen fähig geworden, fähig, allen alles zu werden. So konnte er wirklich der Apostel der Heiden sein.

Während wir nun zu uns selbst kommen, fragen wir uns: Was will das für uns besagen? Es will heißen, dass auch für uns das Christentum keine neue Philosophie oder eine neue Moral ist. Wir sind nur dann Christen, wenn wir Christus begegnen. Gewiss zeigt er sich uns nicht auf diese unwiderstehliche, leuchtende Art, wie er es mit Paulus getan hat, um aus ihm den Apostel aller Völker zu machen. Aber auch wir können Christus begegnen, in der Lektüre der Heiligen Schrift, im Gebet, im liturgischen Leben der Kirche. Wir können das Herz Christi berühren und spüren, dass er unser Herz berührt. Erst in dieser persönlichen Beziehung mit Christus, erst in dieser Begegnung mit dem Auferstandenen werden wir wirklich Christen. Und so öffnet sich unsere Vernunft, es eröffnet sich uns die ganze Weisheit Christi und der ganze Reichtum der Wahrheit. Wir bitten also den Herrn, dass er uns erleuchte, dass er uns in unserer Welt

Wir sind nur dann Christen, wenn wir Christus begegnen.

die Begegnung mit seiner Gegenwart schenke, und uns so einen lebendigen Glauben, ein offenes Herz, eine große Liebe für alle gebe, die fähig ist, die Welt zu erneuern.

Generalaudienz am 3. September 2008

Zeugnis gegeben für uns

Die gute Nachricht

Seine Auferstehung schenkt uns Hoffnung

Ihr seid Zeugen dafür

Brücke zwischen Welt und Ewigkeit

Die gute Nachricht

Das Neue Testament beschreibt das Geschehen der Auferstehung nicht. Es berichtet nur von den Zeugnissen derer, denen Jesus nach seiner Auferstehung persönlich begegnet ist. Die drei synoptischen Evangelien berichten uns, dass jene Botschaft – »Er ist auferstanden!« – zuerst von einigen Engeln verkündet wird. Deshalb ist es eine Verkündigung, die in Gott ihren Ursprung hat; aber Gott vertraut sie sofort seinen »Boten« an, damit diese sie allen überbringen. Und so fordern diese Engel die Frauen, die sich frühmorgens zum Grab begeben hatten, auf, schnell zu den Jüngern zu gehen und ihnen zu sagen: »Er ist von den Toten auferstanden. Er geht euch voraus nach Galiläa; dort werdet ihr ihn sehen« (Mt 28,7). So erreicht durch die Frauen aus dem Evangelium dieser göttliche Auftrag alle und jeden einzelnen, damit sie ihrerseits dieselbe Botschaft treu und mutig an andere weitergeben: eine schöne, frohe Botschaft, die Freude bringt.

Unser ganzer Glaube ist auf die beständige treue Weitergabe dieser »guten Nachricht« gegründet. Und wir wollen heute Gott unseren tiefen Dank aussprechen für die zahllosen Scharen von gläubigen Christen, die uns in den vergangenen Jahrhunderten vorausgegangen sind, dafür dass sie ihrem wesentlichen Auftrag immer entsprochen haben, nämlich das Evangelium, das sie empfangen hatten, zu verkünden. Die gute Nachricht der Osterbotschaft erfordert also das Wirken von begeisterten und mutigen Zeugen. Jeder Jünger Christi, auch jeder von uns ist dazu aufgerufen, Zeuge zu sein. Das ist der klare, anspruchsvolle und begeisternde Auftrag des auferstandenen Herrn. Die »Nachricht« vom neuen Leben in Christus muss im Leben des Christen aufleuchten, muss lebendig und tätig sein – in dem, der sie überbringt, und so kann sie wirklich, das Herz, das ganze Leben verwandeln. Sie ist vor allem deshalb lebendig, weil Christus selbst deren lebendige und belebende Herzmitte ist. Daran erinnert uns der hl. Markus am Schluss seines Evangeliums, wo er schreibt: »Sie aber zogen aus und predigten überall. Der Herr stand ihnen bei und bekräftigte die Verkündigung durch die Zeichen, die er geschehen ließ« (Mk 16,20).

Was für die Apostel gilt, gilt auch für uns und für jeden Gläubigen, für jeden Jünger, der zum »Verkünder« wird. Denn auch wir sind sicher, dass der Herr heute so wie gestern mit seinen Zeugen zusammen wirkt. Das ist eine Tatsache, die wir jedes Mal dann erkennen können, wenn wir die Keime eines wahren und dauerhaften Friedens aufgehen sehen, dort, wo der Einsatz und das Beispiel der Christen und der Menschen guten Willens beseelt ist von der Achtung der Gerechtigkeit, vom geduldigen Dialog, von einer überzeugten Hochschätzung der anderen, von Selbstlosigkeit, von persönlicher und gemeinschaftlicher Opferbereitschaft. Leider sehen wir in der Welt auch sehr viel Leid, Gewalt und Unverständnis. Die Feier des Ostergeheimnisses, die freudige Betrachtung der Auferstehung Christi, der die Sünde und den Tod mit der Kraft der Liebe Gottes besiegt, ist eine günstige Gelegenheit, um mit tieferer Überzeugung unser Vertrauen in den auferstandenen Herrn wiederzuentdecken und zu bekennen, in ihn, der die Zeugen seines Wortes begleitet und mit ihnen zusammen Wunder wirkt. Wirklich und bis zum letzten werden wir dann Zeugen des Auferstandenen sein, wenn wir in uns das Wunder seiner Liebe durchscheinen lassen; wenn man in unseren Worten und mehr noch in unseren Werken in vollkommener Übereinstimmung mit dem Evangelium die Stimme und die Hand Jesu erkennen kann. Überallhin sendet uns also der Herr als seine Zeugen. Das aller-

Der Herr stand ihnen bei.

dings können wir nur sein, wenn wir von einem kontinuierlichen Bezug auf die Ostererfahrung ausgehen, die Maria von Magdala zum Ausdruck bringt, als sie den Jüngern sagt: »Ich habe den Herrn gesehen« (Joh 20,18). In dieser persönlichen Begegnung mit dem Auferstandenen liegen das unerschütterliche Fundament und der zentrale Inhalt unseres Glaubens, die frische und unerschöpfliche Quelle unserer Hoffnung, die brennende Dynamik unserer Liebe. So wird unser christliches Leben vollkommen mit der Botschaft übereinstimmen: »Christus, der Herr, ist wahrhaft auferstanden.« Lassen wir uns deshalb von der Faszination der Auferstehung Christi ergreifen. Die Jungfrau Maria stehe uns mit ihrem Schutz bei und helfe uns, die österliche Freude tief zu erleben, damit wir sie unsererseits allen unseren Brüdern und Schwestern bringen können.

Generalaudienz am 7. April 2010

Seine Auferstehung schenkt uns Hoffnung

[Vom Heiligen Augustinus sind diese Worte:] »Resurrectio Domini, spes nostra – die Auferstehung des Herrn ist unsere Hoffnung« (Augustinus, Sermo 261, 1). Mit dieser Aussage erklärte der große Bischof seinen Gläubigen, dass Jesus für uns auferstanden ist, damit wir, obwohl wir sterben müssen, nicht verzweifeln sollten in dem Gedanken, dass mit dem Tod das Leben völlig beendet sei; Christus ist auferstanden, um uns Hoffnung zu geben (vgl. ebd.).

Tatsächlich ist eine der Fragen, die das Leben des Menschen am meisten quälen, genau diese: Was ist nach dem Tod? Das [...] Hochfest [Ostern] erlaubt uns, auf dieses Rätsel zu antworten, dass der Tod nicht das letzte Wort hat, denn schließlich ist es das Leben, das siegt. Und diese unsere Gewissheit gründet sich nicht auf bloße menschliche Überlegungen, sondern auf eine geschichtliche Gegebenheit des Glaubens: Jesus Christus, der gekreuzigt und begraben wurde, ist mit seinem verherrlichten Leib auferstanden. Jesus ist auferstanden, damit auch wir, wenn wir an ihn glauben, das ewige Leben haben können. Diese Verkündigung ist das Herz der evangelischen Botschaft. Das erklärt der heilige Paulus mit Nachdruck: »Ist aber Christus nicht auferweckt worden, dann ist unsere Verkündigung leer und euer Glaube sinnlos.« Und er fügt hinzu: »Wenn wir unsere Hoffnung nur in diesem Leben auf Christus gesetzt haben, sind wir erbärmlicher daran als alle anderen Menschen« (1 Kor 15, 14. 19). Seit dem Morgengrauen des Ostertags erfasst ein neuer Frühling der Hoffnung die Welt; mit jenem Tag hat unsere Auferstehung schon begonnen, denn Ostern ist nicht bloß ein Moment der Geschichte, sondern der Beginn eines neuen Zustands: Jesus ist nicht etwa

auferstanden, damit die Erinnerung an ihn im Herzen seiner Jünger lebendig bleibt, sondern damit er selbst in uns lebt und wir in ihm schon die Freude des ewigen Lebens erfahren können.
Die Auferstehung ist deshalb nicht eine Theorie, sondern eine von dem Menschen Jesus Christus durch sein »Pascha«, durch seinen »Übergang« offenbarte geschichtliche Realität – ein Übergang, der einen »neuen Weg« zwischen der Erde und dem Himmel eröffnet hat (vgl. Hebr 10, 20). Es ist weder ein Mythos noch ein Traum, es ist weder eine Vision noch eine Utopie, es ist kein Märchen, sondern ein einmaliges und unwiederholbares Ereignis: Jesus von Nazaret, der Sohn Marias, der am Freitag bei Sonnenuntergang vom Kreuz abgenommen und begraben worden ist, hat siegreich das Grab verlassen. Tatsächlich haben Petrus und Johannes bei Anbruch des ersten Tages nach dem Sabbat das Grab leer vorgefunden. Magdalena und die anderen Frauen sind dem auferstandenen Jesus begegnet; auch die beiden Jünger von Emmaus haben ihn erkannt, als er das Brot brach; am Abend ist der Auferstandene den Aposteln im Abendmahlssaal erschienen und danach vielen anderen Jüngern in Galiläa.

Die Auferstehung des Herrn trägt Licht in die dunklen Zonen der Welt.

Die Verkündigung der Auferstehung des Herrn trägt Licht in die dunklen Zonen der Welt, in der wir leben. Ich beziehe mich insbesondere auf den Materialismus und den Nihilismus, auf jene Weltanschauung, die nicht über das experimentell Feststellbare hinauszublicken vermag und sich trostlos in ein Gefühl des Nichts zurückzieht, das der definitive Endpunkt der menschlichen Existenz wäre. In der Tat: Wenn Christus nicht auferstanden wäre, würde die »Leere« unweigerlich die Oberhand gewinnen. Wenn wir Christus und die Auferstehung ausblenden, gibt es für den Menschen kein Entrinnen, und jede Hoffnung bleibt eine Illusion. Doch gerade heute bricht die Botschaft von der Auferstehung des Herrn mit Macht hervor und stellt die Antwort auf die immer wiederkehrende Frage der Skeptiker dar, die auch im Buch Kohelet wiedergegeben ist: »Gibt es etwa ein Ding, von dem man sagen könnte: Sieh dir das an, das ist etwas Neues?« (vgl. Koh 1, 10). Ja, antworten wir: Am Ostermorgen ist alles neu geworden. »Tod und Leben, die kämpften unbegreiflichen Zweikampf; des Lebens Fürst, der starb, herrscht nun lebend« (Ostersequenz). Das ist das Neue! Eine Neuheit, die das Leben dessen, der sie annimmt, verändert, wie es bei den Heiligen geschah.

Botschaft und Segen »Urbi et Orbi« am 12. April 2009

Ihr seid Zeugen dafür

Der [...] Text »Ihr seid Zeugen dafür« muss im Zusammenhang des ganzen 24. Kapitels des Lukasevangeliums gelesen werden. Rufen wir uns kurz den Inhalt dieses Kapitels in Erinnerung. Zuerst gehen die Frauen zum Grab, sie sehen die Zeichen der Auferstehung Jesu und berichten den Aposteln und den anderen Jüngern, was sie gesehen haben (V. 8); dann erscheint der Auferstandene selbst den Emmausjüngern auf dem Weg; er erscheint dem Simon Petrus und danach den »Elf und den anderen Jüngern, die versammelt waren« (V. 33). Er öffnet ihren Geist für das Verständnis der Schrift bezüglich seines Erlösungstodes und seiner Auferstehung und versichert: »In seinem Namen wird man allen Völkern... verkünden, sie sollen umkehren, damit ihre Sünden vergeben werden« (V. 47). Den »versammelten« Jüngern, die Zeugen seiner Sendung gewesen sind, verheißt der auferstandene Herr die Gabe des Heiligen Geistes (vgl. V. 49), damit sie gemeinsam vor allen Völkern von ihm Zeugnis geben. Aus diesem Auftrag – »Ihr seid Zeugen dafür« (vgl. Lk 24,48) –, [...] ergeben sich für uns zwei Fragen. Die erste: Was heißt »dafür«? Die zweite: Wie können wir »dafür« Zeugen sein?
Wenn wir den Zusammenhang des Kapitels betrachten, besagt »dafür« vor allem Kreuz und Auferstehung: Die Jünger haben die Kreuzigung des Herrn gesehen, sie sehen den Auferstandenen und beginnen so, alle Schriftstellen zu verstehen, die vom Geheimnis des Leidens und vom Geschenk der Auferstehung sprechen. »Dafür« ist also das Geheimnis Christi, des Gottessohnes, der Mensch geworden, für uns gestorben und aufer-

standen ist, der ewig lebt und daher Gewähr unseres ewigen Lebens ist.

Doch da wir Christus kennen – das ist der wesentliche Punkt –, kennen wir das Antlitz Gottes. Christus ist vor allem die Offenbarung Gottes. Zu allen Zeiten nehmen die Menschen das Dasein Gottes wahr, des einen Gottes, der aber fern ist und sich nicht zeigt. In Christus zeigt sich dieser Gott, der ferne Gott wird nahe. »Dafür« ist also – vor allem mit dem Geheimnis Christi – Gott, der uns nahe geworden ist. Das schließt eine weitere Dimension ein: Christus ist nie allein; er ist mitten unter uns gekommen, er ist alleine gestorben, aber er ist auferstanden, um alle an sich zu ziehen. Christus schafft sich, wie die Schrift sagt, einen Leib, er vereint die ganze Menschheit in seiner Wirklichkeit des unsterblichen Lebens. Und so kennen wir in Christus, der die Menschheit vereint, die Zukunft der Menschheit: das ewige Leben. All dies ist daher letztlich sehr einfach: Wir kennen Gott dadurch, dass wir Christus kennen, seinen Leib, das Geheimnis der Kirche und die Verheißung des ewigen Lebens.

Wir kennen Gott dadurch, dass wir Christus kennen.

[...] Wie können wir »dafür« Zeugen sein? Wir können Zeugen nur dadurch sein, dass wir Christus kennen und durch die Kenntnis Christi auch Gott kennen. Die Kenntnis Christi jedoch schließt gewiss eine intellektuelle Dimension ein – das Lernen all dessen, was wir von Christus kennen –, sie ist aber immer viel mehr als ein intellektueller Prozess: Sie ist ein existentieller Prozess, ein Prozess der Öffnung meines Ich, meiner Verwandlung durch die Gegenwart und Kraft Christi, und insofern auch ein Prozess der Öffnung gegenüber allen anderen, die Leib Christi sein sollen. Auf diese Weise ist offensichtlich, dass die Kenntnis Christi als intellektueller und vor allem existentieller Prozess ein Prozess ist, der uns zu Zeugen macht. Mit anderen Worten: Wir können nur Zeugen sein, wenn wir Christus aus erster Hand und nicht nur von anderen kennen, aus unserem eigenen Leben, aus unserer persönlichen Begegnung mit Christus. Indem wir ihm wirklich in unserem Glaubensleben begegnen, werden wir zu Zeugen und können so zur Neuheit der Welt, zum ewigen Leben beitragen. Der Katechismus der Katholischen Kirche gibt uns auch einen Hinweis zum Inhalt dieses »dafür«. Die Kirche hat das Wesentliche all dessen, was der Herr uns in der Offenbarung geschenkt hat, im »sogenannten Nizäno-konstantinopolitanischen Glaubensbekenntnis« zusammengefasst, das eine große Autorität besitzt, »weil es aus den beiden ersten Ökumenischen Konzilien (325 und 381) hervorging« (KKK, 195). Der Katechismus präzisiert, dass dieses Symbolum »noch heute allen großen Kirchen des Ostens und des Westens gemeinsam ist« (ebd.). In diesem Glaubensbekenntnis finden sich also die Glaubenswahrheiten, welche die Christen gemeinsam bekennen und bezeugen können, damit die Welt glaubt, indem sie mit dem Verlangen und dem Einsatz zur Überwindung der bestehenden Gegensätze den Willen bekunden, zur vollen Gemeinschaft, zur Einheit des Leibes Christi unterwegs zu sein.

Generalaudienz am 20. Januar 2010

Brücke zwischen Welt und Ewigkeit

In [den] österlichen Tagen werden wir oft die Worte Jesu erklingen hören: »Ich bin erstanden und bin immer bei dir.« Die Kirche antwortet auf diese Botschaft und verkündet mit Freude: »Der Herr ist auferstanden, er ist wahrhaft auferstanden. Sein ist die Macht und die Herrlichkeit in Ewigkeit. Halleluja.« Es ist die ganze feiernde Kirche, die ihre Gefühle kundtut und singt: »Das ist der Tag Christi, des Herrn.« Denn dadurch, dass Jesus von den Toten auferstanden ist, hat er seinen ewigen Tag anbrechen lassen und hat auch unserer Freude die Tür geöffnet. »Ich werde nicht sterben«, so sagt er, »ich werde leben«. Der Menschensohn, der gekreuzigt wurde, der Stein, den die Bauleute verwarfen, er ist nun zum festen Grund des neuen geistlichen Gebäudes geworden, der Kirche, seines mystischen Leibes. Das Volk Gottes, dessen unsichtbares Haupt Christus ist, ist dazu bestimmt, im Laufe der Jahrhunderte zu wachsen, bis hin zur vollen Erfüllung des Heilsplanes. Dann wird die ganze Menschheit in seinen Leib eingegliedert werden und jede bestehende Wirklichkeit wird von seinem endgültigen Sieg durchdrungen sein. Der hl. Paulus schreibt: Er wird »das All ganz und gar beherrschen« (vgl. Eph 1,23), und »Gott [wird] über alles und in allem [herrschen]« (1 Kor 15,28).
So freut sich zu Recht die Gemeinschaft der Christen – also wir alle –, da uns die Auferstehung des Herrn zusichert, dass sich der göttliche Heilsplan trotz alles Dunklem in der Geschichte gewiss erfüllen wird. Das ist der Grund, warum sein Ostern wahrhaft unsere Hoffnung ist. Und wir, die wir mit Christus durch die Taufe auferstanden sind, müssen ihm nun treu in der Heiligkeit

des Lebens nachfolgen und ohne Unterlass zum ewigen Ostern voranschreiten, getragen von dem Bewusstsein, dass die Schwierigkeiten, die Kämpfe, die Prüfungen, die Leiden unseres menschlichen Daseins einschließlich des Todes uns jetzt nicht mehr von ihm und seiner Liebe zu trennen vermögen. Seine Auferstehung hat eine Brücke zwischen der Welt und dem ewigen Leben geschlagen, die jeder Mann und jede Frau beschreiten können, um das wahre Ziel unserer irdischen Pilgerreise zu erlangen.
»Ich bin erstanden und bin immer bei dir.« Diese Zusicherung Jesu verwirklicht sich vor allem in der Eucharistie; in jeder Eucharistiefeier erfahren die Kirche und alle ihre Glieder seine lebendige Gegenwart und erfreuen sich des ganzen Reichtums seiner Liebe. Im Sakrament der Eucharistie ist der auferstandene Herr gegenwärtig und reinigt uns voll Barmherzigkeit von unserer Schuld; er nährt uns geistlich und verleiht uns Kraft, um den harten Prüfungen des Lebens standzuhalten und gegen die Sünde und das Böse zu kämpfen. Er ist der sichere Halt auf unserer Pilgerreise zur ewigen Wohnstatt im Himmel. Die Jungfrau Maria, die neben ihrem göttlichen Sohn jeden Abschnitt seiner Sendung auf Erden erlebt hat, helfe uns dabei, gläubig das Geschenk des Ostergeschehens anzunehmen, und sie lasse uns zu glücklichen, treuen und freudigen Zeugen des auferstandenen Herrn werden.

Regina-Coeli-Gebet am 13. April 2009

Wir sind seine Zeugen

Auferstehung und Berufung

Zeugen des Wortes – Zeugen des Herrn

Er ist wahrhaftig auferstanden

Die Aktualität des Geschehenen

Die Verkündigung der Auferstehung

Wie wird die Auferstehung für uns sein?

Richten wir unseren Blick auf den Himmel

Auferstehung und Berufung

Der Evangelist Johannes berichtet, dass Jesus nach seiner Auferstehung Petrus dazu berufen hat, für seine Herde Sorge zu tragen (vgl. Joh 21,15–23). Wer hätte sich damals nach menschlichem Ermessen die Entwicklung vorzustellen vermocht, die jene kleine Gruppe von Jüngern des Herrn im Laufe der Jahrhunderte erfahren hat? Petrus zusammen mit den Aposteln und dann ihre Nachfolger haben zunächst in Jerusalem und dann bis an die Grenzen der Erde mutig die Botschaft des Evangeliums verbreitet, dessen grundlegender und unverzichtbarer Kern das Ostergeheimnis ist: das Leiden, der Tod und die Auferstehung Christi. Dieses Geheimnis feiert die Kirche zu Ostern und lässt seinen freudigen Nachklang in den darauffolgenden Tagen andauern; sie singt das Halleluja des Triumphes Christi über das Böse und den Tod. »Die Feier des Osterfestes an einem bestimmten Tag im Kalender«, sagt der heilige Papst Leo der Große, »erinnert uns an das ewige Fest, das jede menschliche Zeit überwindet.« »Das jetzige Osterfest«, so merkt er noch an, »ist der Schatten des zukünftigen Osterfestes. Deshalb feiern wir es, um von einem jährlich wiederkehrenden Fest zu einem immerwährenden Fest überzugehen.« Die Freude dieser Tage umfasst das ganze Kirchenjahr und wird besonders am Sonntag erneuert, dem Tag, der dem Gedächtnis der Auferstehung des Herrn geweiht ist. An diesem Tag, der gleichsam das »kleine Osterfest« jeder Woche ist, verkündet die zur heiligen Messe zusammengekommene liturgische Versammlung im Credo, dass Jesus am dritten Tage auferstanden ist, und fügt hinzu, dass wir »die Auferstehung der Toten und das Leben der kommenden Welt« erwarten. Auf diese Weise wird gezeigt, dass das Ereignis des Todes und der Auferstehung Jesu den Mittelpunkt unseres Glaubens bildet und dass auf dieser Verkündigung die Kirche gegründet ist und wächst. Auf einprägsame Weise sagt der hl. Augustinus: »Meine Lieben, betrachten wir die Auferstehung Christi: In der Tat, wie sein Leiden und Sterben unser altes Leben bedeutete, so ist seine Auferstehung Sakrament des neuen Lebens... Du hast geglaubt, du bist getauft worden: Das alte Leben ist gestorben, am Kreuz getötet, in der Taufe begraben worden. Das alte Leben, in dem du gelebt hast, ist begraben worden: das neue Leben möge auferstehen. Lebe gut: Lebe so, dass du lebst, auf dass du, wenn du gestorben sein wirst, nicht stirbst« (Sermo 229/E 9,3).

Ich habe den Herrn gesehen.

Die Abschnitte der Evangelien, die von den Erscheinungen des Auferstandenen berichten, schließen gewöhnlich mit der Aufforderung, jede Ungewissheit zu überwinden, das Ereignis mit der Heiligen Schrift zu vergleichen, zu verkünden, dass Jesus jenseits des Todes der auf ewig Lebendige ist, Quelle neuen Lebens für all diejenigen, die glauben. So geschieht es zum Beispiel im Fall der Maria Magdalena (vgl. Joh 20,11–18), die das Grab offen und leer vorfindet und sofort fürchtet, dass der Leichnam des Herrn weggebracht worden sei. Da ruft sie der Herr beim Namen, und in diesem Augenblick vollzieht sich in ihr ein tiefgreifender Wandel: Die Mutlosigkeit und Verunsicherung verwandeln sich in Freude und Begeisterung. Sie begibt sich eilends zu den Aposteln und verkündet: »Ich habe den Herrn gesehen« (Joh 20,18). So ist es: Wer dem auferstandenen Jesus begegnet, wird innerlich verwandelt; man kann den Auferstandenen nicht »sehen«, ohne an ihn zu »glauben«. Beten wir zu ihm, damit er jeden von uns beim Namen ruft und uns auf diese Weise bekehrt, indem er uns zur »Einsicht« des Glaubens hin öffnet. Der Glaube entsteht aus der persönlichen Begegnung mit dem auferstandenen Christus und wird zum Überschwang des Mutes und der Freiheit, der uns in die Welt hinausrufen lässt: Jesus ist auferstanden und lebt für immer. Das ist die Sendung der Jünger des Herrn jedes Zeitalters und auch unserer heutigen Zeit: »Ihr seid mit Christus auferweckt; darum«, so mahnt der hl. Paulus, »strebt nach dem, was im Himmel ist ... Richtet euren Sinn auf das Himmlische und nicht auf das Irdische!« (Kol 3,1–2). Das heißt nicht, dass man sich den täglichen Pflichten entziehen, sich nicht mehr um irdische Angelegenheiten kümmern soll; es bedeutet vielmehr, jeder menschlichen Tätigkeit wie durch einen übernatürlichen Hauch Leben zu verleihen, es bedeutet, frohe Verkünder und Zeugen der Auferstehung Christi zu werden, der in Ewigkeit lebt (vgl. Joh 20,25; Lk 24,33–34).

Generalaudienz am 19. April 2006

Zeugen des Wortes – Zeugen des Herrn

Das Wort Gottes hebt die Auferstehung Christi hervor: ein Ereignis, das die Gläubigen zu einer lebendigen Hoffnung neu geboren hat, wie der Apostel Petrus zu Beginn seines Ersten Briefes schreibt. Dieser Text war das tragende Fundament für den Weg der Vorbereitung dieses großen nationalen Treffens. Als Nachfolger des hl. Petrus rufe auch ich mit Freude: »Gepriesen sei der Gott und Vater unseres Herrn Jesus Christus« (1 Petr 1,3), denn durch die Auferstehung seines Sohnes hat er uns neu geboren, und im Glauben hat er uns eine unbesiegbare Hoffnung auf das ewige Leben geschenkt, so dass wir in der Gegenwart stets dem Ziel zustreben, der endgültigen Begegnung mit unserem Herrn und Erlöser. Kraft dieser Hoffnung fürchten wir die Prüfungen nicht, die, wie schmerzlich und schwer sie auch sein mögen, nie jene tiefe Freude beeinträchtigen können, die dem Geliebtsein von Gott entspringt. In seinem fürsorglichen Erbarmen hat er seinen Sohn für uns hingegeben, und wir glauben an ihn und lieben ihn, auch wenn wir ihn nicht sehen (vgl. 1 Petr 1,3–9). Seine Liebe genügt uns.

Aus der Kraft dieser Liebe, dem festen Glauben an die Auferstehung Jesu, auf dem die Hoffnung gründet, entspringt und erneuert sich beständig unser christliches Zeugnis. Hierin wurzelt unser »Credo«, das Glaubensbekenntnis, aus dem die Verkündigung in ihren Anfängen geschöpft hat und das stets unverändert das Volk Gottes nährt. Der Inhalt des »Kerygmas«, der Verkündigung, und der Kern der gesamten Botschaft des Evangeliums ist Christus, der menschgewordene Sohn Gottes, der für uns gestorben und auferstanden ist. Seine Auferstehung ist das bezeichnende Geheimnis des Christentums, die überreiche Erfüllung aller Heilsverheißungen [...]. Aus dem Auferstandenen – dem Anfang der neuen, erneuerten und erneuernden Menschheit – ging in Wahrheit, wie der Prophet verheißen hat, das Volk der »Armen« hervor. Sie haben dem Evangelium das Herz geöffnet; sie sind »Eichen der Gerechtigkeit« geworden und »die Pflanzung, durch die der Herr seine Herrlichkeit zeigt«, und sie werden es stets aufs neue; sie bauen Ruinen wieder auf und erbauen verödete Städte wieder neu, von allen geachtet als »Nachkommen, die der Herr gesegnet« hat (vgl. Jes 61,3–4.9). Das Geheimnis der Auferstehung des Sohnes Gottes, der in den Himmel zur Rechten des Vaters aufgefahren ist und über uns den Heiligen Geist ausgegossen hat, lässt uns Christus und die Kirche mit einem einzigen Blick erfassen: den Auferstandenen und die Auferstandenen, die Erstlingsfrucht und den Acker Gottes, den Eckstein und die lebendigen Steine, um ein weiteres Bild aus dem Ersten Petrusbrief zu gebrauchen (vgl. 2,4–8). So war es am Anfang in der Gemeinschaft der Apostel, und so muss es auch heute sein.

Sie haben dem Evangelium das Herz geöffnet.

Seit dem Pfingsttag hat das Licht des auferstandenen Herrn nämlich das Leben der Apostel verwandelt. Sie sahen nun ganz klar, dass sie nicht lediglich Anhänger einer neuen und interessanten Lehre waren, sondern vielmehr die auserwählten und verantwortlichen Zeugen einer Offenbarung, an die das Heil ihrer Zeitgenossen und aller zukünftigen Generationen geknüpft war. Der Osterglaube erfüllte ihre Herzen mit Begeisterung und außerordentlichem Eifer, der sie bereit machte, allen Schwierigkeiten und selbst dem Tod entgegenzutreten, und der ihren Worten unwiderstehliche Überzeugungskraft verlieh. Und so nahm eine kleine Schar, ohne menschliche Mittel und allein auf ihren starken Glauben gestützt, schwere Verfolgungen und das Martyrium furchtlos auf sich. Der Apostel Johannes schreibt: »Und das ist der Sieg, der die Welt besiegt hat: unser Glaube« (1 Joh 5,4b). Die Wahrheit dieser Aussage wird auch in Italien durch fast 2000 Jahre christlicher Geschichte bestätigt, mit unzähligen Zeugnissen der Märtyrer, der Heiligen und Seligen, die unauslöschliche Spuren überall auf der schönen Halbinsel, auf der wir leben, hinterlassen haben. An einige von ihnen ist zu Beginn dieses Kongresses erinnert worden, und sie begleiten nun seine Arbeiten.

Allein von Gott kann die entscheidende Veränderung der Welt kommen.

Wir sind heute die Erben dieser siegreichen Zeugen! Aber eben dieser Feststellung entspringt die Frage: Was ist aus unserem Glauben geworden? In welchem Maß sind wir heute in der Lage, ihn weiterzugeben? Die Gewissheit, dass Christus auferstanden ist, sichert uns zu, dass keine feindliche Kraft die Kirche je zerstören kann. Auch beseelt uns das Bewusstsein, dass allein Christus die tiefen Erwartungen des menschlichen Herzens vollkommen erfüllen und eine Antwort geben kann auf die uns am meisten beunruhigenden Fragen über den Schmerz, die Ungerechtigkeit und das Böse, den Tod und das Jenseits. Unser Glaube ist daher begründet, aber dieser Glaube muss in jedem von uns lebendig werden. Umfassende und eingehende Bemühungen sind also erforderlich, damit jeder Christ zu einem »Zeugen« wird, der fähig und bereit ist, stets jedem Rede und Antwort zu stehen, der nach der Hoffnung fragt, die ihn erfüllt (vgl. 1 Petr 3,15). Daher müssen wir erneut mit Kraft und Freude das Ereignis des Todes und der Auferstehung Christi verkünden; es ist das Herz des Christentums, der tragende Mittelpunkt unseres Glaubens, der mächtige Antrieb unserer Gewissheiten, der starke Wind, der alle Angst und Unsicherheit, jeden Zweifel und jede menschliche Berechnung vertreibt. Allein von Gott kann die entscheidende Veränderung der Welt kommen. Nur von der Auferstehung her versteht man das wahre Wesen der Kirche und ihres Zeugnisses, das nicht vom Ostergeheimnis getrennt ist, sondern vielmehr dessen Frucht,

Offenbarung und Verwirklichung durch diejenigen ist, die den Heiligen Geist empfangen und von Christus ausgesandt werden, seine eigene Sendung fortzusetzen (vgl. Joh 20,21–23).
»Zeugen des Auferstandenen«: Diese Definition der Christen stammt unmittelbar aus dem heute verkündeten Abschnitt des Lukasevangeliums, aber auch aus der Apostelgeschichte (vgl. Apg 1,8.22). Zeugen des Auferstandenen. Dieses »des« muss richtig verstanden werden! Es bedeutet, dass der Zeuge »von« Jesus, dem Auferstandenen, ist, das heißt, dass er ihm gehört, und eben als solcher kann er ein gültiges Zeugnis für ihn ablegen, von ihm sprechen, ihn bekanntmachen, zu ihm hinführen, seine Gegenwart vermitteln. Das ist genau das Gegenteil von dem, was für die andere Aussage gilt: »Hoffnung der Welt«. Der Genitivartikel »der« bedeutet hier keineswegs Zugehörigkeit, denn Christus ist nicht von der Welt, so wie auch die Christen nicht von der Welt sein dürfen. Die Hoffnung, die Christus ist, ist in der Welt, ist für die Welt, aber sie ist es, weil Christus Gott, »der Heilige« (hebräisch: Kadosh), ist. Christus ist Hoffnung für die Welt, weil er auferstanden ist, und er ist auferstanden, weil er Gott ist. Auch die Christen können der Welt Hoffnung bringen, weil sie von Christus und von Gott sind, insoweit sie sich mit ihm von der Sünde abwenden und zum neuen Leben der Liebe, der Vergebung, des Dienstes, der Gewaltlosigkeit auferstehen. So wie der hl. Augustinus sagt: »Du hast geglaubt, du bist getauft worden: Das alte Leben ist gestorben, am Kreuz getötet, in der Taufe begraben worden. Das alte Leben, in dem du schlecht gelebt hast, ist begraben worden: das neue Leben möge auferstehen« (Sermo 229/E 9,3). Nur wenn sie wie Christus nicht von der Welt sind, können die Christen Hoffnung in der Welt und für die Welt sein.

Predigt am 19. Oktober 2006

Er ist wahrhaftig auferstanden

Surrexit Dominus vere! Alleluja! Die Auferstehung des Herrn besiegelt die Erneuerung unseres Menschseins. Christus hat den durch unsere Sünde verursachten Tod besiegt und führt uns zum unsterblichen Leben zurück. Aus diesem Ereignis gehen das ganze Leben der Kirche und die Existenz der Christen hervor. Dies lesen wir gerade am Ostermontag, in der ersten missionarischen Rede der entstehenden Kirche: »Diesen Jesus«, so verkündet der Apostel Petrus, »hat Gott auferweckt, dafür sind wir alle Zeugen. Nachdem er durch die rechte Hand Gottes erhöht worden war und vom Vater den verheißenen Heiligen Geist empfangen hatte, hat er ihn ausgegossen, wie ihr seht und hört« (Apg 2,32–33). Eines der charakteristischen Zeichen des Glaubens an die Auferstehung ist der Gruß der Christen in der Osterzeit, der sich am alten liturgischen Hymnus inspiriert: »Christus ist auferstanden! / Er ist wahrhaft auferstanden!« Dies ist ein Glaubensbekenntnis und eine Lebensaufgabe, ebenso wie sich dies für die im Evangelium des hl. Matthäus beschriebenen Frauen zugetragen hat: »Plötzlich kam ihnen Jesus entgegen und sagte: Seid gegrüßt! Sie gingen auf ihn zu, warfen sich vor ihm nieder und umfassten seine Füße. Da sagte Jesus zu ihnen: Fürchtet euch nicht! Geht und sagt meinen Brüdern, sie sollen nach Galiläa gehen, und dort werden sie mich sehen« (28,9–10). »So ist es die ganze Kirche«, schreibt der Diener Gottes Paul VI., »die die Sendung zur Evangelisierung empfängt, und die Mitwirkung jedes einzelnen ist für das Ganze von Wichtigkeit ... Sie bleibt als ein Zeichen, das gleichzeitig dunkel und leuchtend ist für seinen Hingang und sein Verbleiben. Sie führt seine Gegenwart ununterbrochen fort« (Apostolisches Schreiben Evangelii nuntiandi, 8. Dezember 1975, Nr. 15).

Wie können wir dem Herrn begegnen und immer mehr zu seinen wahren Zeugen werden? Der hl. Maximus von Turin sagt: »Jeder, der den Heiland erreichen will, muss ihn als erstes mit dem eigenen Glauben zur Rechten der Gottheit setzen und ihn mit der Überzeugung des Herzens in den Himmel stellen« (Predigt XXXIX a, 3: CCL 23, 157), das heißt: Er muss lernen, ständig den Blick des Geistes und des Herzens auf die Höhe Gottes zu richten, zu der Christus auferstanden ist. Im Gebet, in der Anbetung also begegnet Gott dem Menschen. Der Theologe Romano Guardini stellt fest: »Die Anbetung ist nicht etwas Nebensächliches; ... es geht um das Letzte, um Sinn und Sein ... In der Anbetung anerkennt der Mensch, was schlechthin uns heilig gilt« (Romano Guardini, Predigten zum Kirchenjahr, Mainz 1998, 2. Aufl., S. 147–148). Nur wenn wir es verstehen, uns an Gott zu wenden, zu ihm zu beten, können wir den tiefen Sinn unseres Lebens entdecken, und der alltägliche Weg wird vom Licht des Auferstandenen erhellt.

Regina-Coeli-Gebet am 25. April 2011

Die Aktualität des Geschehener

Die Auferstehung des Jesus von Nazaret als wirkliches, historisches, von vielen glaubwürdigen Zeugen bestätigtes Ereignis zu verkünden ist daher grundlegend für unseren Glauben und für unser christliches Zeugnis. Dazu bekennen wir uns nachdrücklich, weil es auch in der heutigen Zeit nicht an Menschen fehlt, die versuchen, die Historizität zu leugnen, indem sie den Bericht des Evangeliums zu einem Mythos, zu einer »Vision« der Apostel verkürzen und alte, längst unhaltbar gewordene Theorien wieder aufgreifen und als neu und wissenschaftlich präsentieren. Gewiss war die Auferstehung für Jesus nicht eine einfache Rückkehr ins frühere Leben. Dann wäre sie nämlich eine Angelegenheit der Vergangenheit gewesen: Vor zweitausend Jahren ist einer auferstanden und in sein früheres Leben zurückgekehrt wie zum Beispiel Lazarus. Die Auferstehung Christi stellt sich in einer anderen Dimension dar: Sie ist der Übergang zu einer tiefgreifend neuen Dimension des Lebens, die auch uns betrifft, die die ganze Menschheitsfamilie, die Geschichte und das Universum miteinbezieht. Dieses Geschehen, das eine neue Dimension des Lebens, eine Öffnung dieser unserer Welt hin zum ewigen Leben eingeführt hat, hat das Leben der Augenzeugen verändert, wie die Berichte der Evangelien und die anderen neutestamentlichen Schriften beweisen; es ist eine Botschaft, die ganze Generationen von Männern und Frauen im Laufe der Jahrhunderte gläubig empfangen und nicht selten um den Preis ihres Blutes bezeugt haben, wussten sie doch, dass sie gerade so in diese neue Dimension des Lebens eintraten. Auch in diesem Jahr erschallt zu

Ostern in jedem Winkel der Erde unverändert und immer wieder neu diese gute Nachricht: Der am Kreuz gestorbene Jesus ist auferstanden, lebt glorreich, weil er die Macht des Todes überwunden und den Menschen in eine neue Lebensgemeinschaft mit Gott und in Gott geführt hat. Das ist der Sieg von Ostern, unsere Rettung! Und daher können wir mit dem hl. Augustinus singen: »Die Auferstehung Christi ist unsere Hoffnung«, weil sie uns in eine neue Zukunft einführt.

Die Auferstehung Christi begründet unseren festen Glauben.

Es ist wahr: Die Auferstehung Christi begründet unseren festen Glauben und erleuchtet unsere ganze irdische Pilgerschaft, einschließlich des menschlichen Rätsels von Leid und Tod. Der Glaube an den gekreuzigten und auferstandenen Christus ist das Herzstück der ganzen Botschaft des Evangeliums, der zentrale Kern unseres Glaubensbekenntnisses. Eine wesentliche Aussage dieses Glaubensbekenntnisses können wir in einem bekannten Abschnitt bei Paulus im Ersten Brief an die Korinther (15,3–8) finden: Dort übermittelt der Apostel als Antwort an einige Mitglieder der Gemeinde von Korinth, die zwar die Auferstehung Jesu verkündeten, aber paradoxerweise die Auferstehung der Toten – unsere Hoffnung – leugneten, getreu das, was er – Paulus – von der ersten apostolischen Gemeinde über den Tod und die Auferstehung des Herrn empfangen hatte.

Er beginnt mit einer gleichsam endgültigen Aussage: »Ich erinnere euch, Brüder, an das Evangelium, das ich euch verkündet habe. Ihr habt es angenommen; es ist der Grund, auf dem ihr steht. Durch dieses Evangelium werdet ihr gerettet, wenn ihr an dem Wortlaut festhaltet, den ich euch verkündet habe. Oder habt ihr den Glauben vielleicht unüberlegt angenommen?« (V. 1–2). Er fügt sogleich hinzu, er habe an sie das weitergegeben, was er selbst empfangen hatte. […] Der hl. Paulus weist uns vor allem auf den Tod Jesu hin und fügt in diesem so knappen Text zu der Nachricht, dass »Christus gestorben ist«, zwei ergänzende Bemerkungen hinzu. Die erste Hinzufügung lautet: Er ist gestorben »für unsere Sünden«; die zweite: »gemäß der Schrift« (V. 3). Dieser Ausdruck »gemäß der Schrift« setzt das Ereignis des Todes des Herrn in Beziehung zur Geschichte des alttestamentlichen Bundes Gottes mit seinem Volk und lässt uns verstehen, dass der Tod des Gottessohnes in das Gefüge der Heilsgeschichte hineingehört, ja macht uns begreiflich, dass diese Geschichte vom Tod Christi her ihre Logik und wahre Bedeutung erhält. Bis zu jenem Augenblick war der Tod Christi ein Rätsel geblieben, dessen Ausgang noch ungewiss war. Im Ostergeheimnis erfüllen sich die Worte der Schrift. Dies heißt: Dieser Tod, der »gemäß der Schrift« geschehen ist, ist ein Ereignis, das einen »Logos«, eine Logik in sich trägt: Der Tod Christi bezeugt, dass das Wort Gottes bis ins Innerste »Fleisch«, menschliche »Geschichte«, geworden ist. Wie und warum das geschehen ist, erfasst man aus dem zweiten Zusatz des hl. Paulus: Christus ist »für unsere Sünden« gestorben. Mit diesen Worten scheint der Paulustext die im Vierten Lied vom Gottesknecht enthaltene Prophezeiung des Jesaja wieder aufzunehmen (vgl. Jes 53,12). Der Gottesknecht – so heißt es in dem Lied – »hat sich selbst bis zum Tod entäußert«, hat »die Sünden von vielen« getragen und dadurch, dass er für die »Schuldigen« eintrat, konnte er das Geschenk der Versöhnung der Menschen untereinander und der Menschen mit Gott erwirken: Sein Tod ist also ein Tod, der dem Tod ein Ende macht; der Weg des Kreuzes führt zur Auferstehung.

Er ist gestorben »für unsere Sünden«.

In den folgenden Versen verweilt Paulus dann bei der Auferstehung des Herrn. Er sagt, Christus »ist am dritten Tag auferweckt worden, gemäß der Schrift«. Also wieder »gemäß der Schrift«! Viele Exegeten erkennen in der Formulierung: Christus »ist am dritten Tag auferweckt worden, gemäß der Schrift« einen gewichtigen Hinweis auf das, was wir im Psalm 16 lesen, wo der Psalmist ausruft: »Denn du gibst mich nicht der Unterwelt preis; du lässt deinen Frommen das Grab nicht schauen« (V. 10). Das ist einer der Texte, die im Urchristentum häufig zitiert wurden, um den messianischen Charakter Jesu zu beweisen. Da nach jüdischer Auslegung die Verwesung nach dem dritten Tag einsetzte, erfüllte sich das Wort der Schrift in Jesus, der am dritten Tag aufersteht, also bevor die Verwesung einsetzt. Der hl. Paulus, der die Lehre der Apostel getreu überliefert, hebt hervor, dass der Sieg Christi über den Tod durch die schöpferische Macht des Wortes Gottes geschieht. Diese göttliche Macht weckt Hoffnung und Freude: Das ist letztendlich der befreiende Inhalt der österlichen Offenbarung. An Ostern offenbart Gott sich selbst und die Macht der dreifaltigen Liebe, die die zerstörerischen Kräfte des Bösen und des Todes vernichtet.

[...] Lassen wir uns von der strahlenden Herrlichkeit des auferstandenen Herrn erleuchten! Empfangen wir ihn voll Glauben und folgen wir hochherzig seinem Evangelium, wie es die privilegierten Zeugen seiner Auferstehung getan haben; wie es einige Jahre später der hl. Paulus getan hat, der auf dem Weg nach Damaskus dem göttlichen Meister auf außergewöhnliche Weise begegnet ist. Wir dürfen die Botschaft dieser Wahrheit, die das Leben aller verwandelt, nicht für uns allein behalten. Und so beten wir mit demütigem Vertrauen: »Jesus, durch deine Auferstehung von den Toten hast du unsere Auferstehung vorweggenommen, wir glauben an dich!«

Generalaudienz am 15. April 2009

Die Verkündigung der Auferstehung

»Ist aber Christus nicht auferweckt worden, dann ist unsere Verkündigung leer und euer Glaube sinnlos ... und ihr seid immer noch in euren Sünden« (1 Kor 15,14.17). Mit diesen deutlichen Worten des Ersten Briefes an die Korinther gibt der hl. Paulus zu verstehen, welche entscheidende Bedeutung er der Auferstehung Jesu beimisst. In diesem Ereignis liegt nämlich die Lösung des Problems, das vom Drama des Kreuzes aufgeworfen wurde. Das Kreuz allein könnte den christlichen Glauben nicht erklären, ja es bliebe eine Tragödie, ein Zeichen für die Absurdität des Seins. Das Ostergeheimnis besteht darin, dass jener Gekreuzigte »am dritten Tag auferweckt worden ist, gemäß der Schrift« (1 Kor 15,4) – so bezeugt es die frühchristliche Überlieferung. Hier liegt der Schlussstein der paulinischen Theologie: Alles dreht sich um dieses Gravitationszentrum. Die ganze Lehre des Apostels Paulus geht vom Geheimnis dessen aus, den der Vater vom Tod auferweckt hat, und kehrt zu ihm zurück. Die Auferstehung ist ein grundlegendes Faktum, gleichsam ein vorweggenommenes Axiom (vgl. 1 Kor 15,12), auf Grund dessen Paulus seine synthetische Verkündigung (»Kerygma«) formulieren kann: Er, der gekreuzigt wurde und auf diese Weise die unendliche Liebe Gottes zum Menschen offenkundig gemacht hat, ist auferstanden und lebt unter uns.

Es ist wichtig, den Zusammenhang zwischen der Verkündigung der Auferstehung, wie sie Paulus formuliert, und jener, die in den ersten vorpaulinischen christlichen Gemeinden gebräuchlich war, zu erfassen. Hier kann man wirklich die Wichtigkeit der Überlieferung erkennen, die dem Apostel vorausgeht und die er mit großer Ehrfurcht und Achtsamkeit weitergeben will. Der in Kapitel 15,1–11 des Ersten Briefes an die Korinther enthaltene Text über die Auferstehung hebt treffend den Zusammenhang zwischen »empfangen« und »überliefern« hervor. Der hl. Paulus misst der wörtlichen Wiedergabe der Überlieferung große Bedeutung bei; am Ende des hier angeführten Abschnitts unterstreicht er: »Ob nun ich verkündige oder die anderen: das ist unsere Botschaft« (1 Kor 15,11), und rückt damit die Einheit des »Kerygmas«, der Botschaft für alle Gläubigen und für alle jene, die die Auferweckung Christi verkünden werden, ins Licht. Die Überlieferung, an die er anknüpft, ist die Quelle, aus der er schöpft. Die Originalität seiner Christologie geht niemals auf Kosten der Treue zur Tradition. Das »Kerygma« der Apostel geht immer der persönlichen Bearbeitung durch Paulus voraus. Jedes seiner Argumente geht von der gemeinsamen Tradition aus, in der sich der Glaube ausdrückt, den alle Kirchen teilen, die eine einzige Kirche bilden. Und so bietet der hl. Paulus für alle Zeiten ein Modell dafür, wie man Theologie betreiben und wie man predigen soll. Der Theologe, der Prediger schafft keine neuen Welt- und Lebensanschauungen, sondern steht im Dienst der überlieferten Wahrheit, im Dienst der realen Tatsache Christi, des Kreuzes, der Auferstehung. Seine Aufgabe ist es, uns heute zu helfen, hinter den althergebrachten Worten die Wirklichkeit des »Gott mit uns«, also die Wirklichkeit des wahren Lebens, zu begreifen.

Hier ist eine Präzisierung angebracht: Wenn der hl. Paulus die Auferstehung verkündet, geht es ihm nicht darum, eine in sich abgeschlossene lehrmäßige Darstellung vorzulegen – er will nicht eine Art Handbuch der Theologie schreiben –, sondern er stellt sich dem Thema, indem er auf die Zweifel und konkreten Fragen antwortet, die von den Gläubigen an ihn gerichtet wurden; es ist also eine aus der Gelegenheit heraus entstandene Rede, aber voller Glauben und gelebter Theologie. Hierbei ist eine Konzentration auf das Wesentliche festzustellen: Wir sind »gerechtfertigt«, das heißt gerecht gemacht, gerettet worden, durch Christus, der für uns gestorben und auferstanden ist. In den Vordergrund tritt vor allem die Tatsache der Auferstehung, ohne die das christliche Leben schlicht und einfach widersinnig wäre. An jenem Ostermorgen geschah etwas Außergewöhnliches, Neues und zugleich sehr Konkretes, das von sehr klaren und von zahlreichen Zeugen wahrgenommenen Zeichen gekennzeichnet war. Wie für die anderen Verfasser des Neuen Testaments ist auch für Paulus die Auferstehung mit dem Zeugnis dessen verbunden, der eine direkte Erfahrung mit dem Auferstandenen gemacht hat. Es geht darum, nicht allein mit den Augen oder mit den Sinnen zu sehen und zu erleben, sondern auch mit einem inneren Licht, das uns dazu bringt, das zu erkennen, was die äußeren Sinne als objektive Gegebenheit wahrnehmen. Deshalb misst Paulus – wie die vier Evangelien – dem Thema Erscheinungen eine grundlegende Bedeutung bei: sie sind die Grundbedingung für den Glauben an den Auferstandenen, der das Grab leer zurückgelassen hat. Diese beiden Tatsachen sind wichtig: Das Grab ist leer, und Jesus ist wirklich erschienen. So entsteht jene Kette der Überlieferung, die durch das Zeugnis der Apostel und der ersten Jünger die nachfolgenden Generationen, bis herauf zu uns, erreichen wird. Die erste Folge beziehungsweise die erste Form, dieses Zeugnis zum Ausdruck zu bringen, besteht darin, über die Auferstehung Christi als Synthese der Botschaft des Evangeliums und als Höhepunkt eines Heilsweges zu predigen. Dies alles tut Paulus bei verschiedenen Gelegenheiten: Das kann man in den Briefen und in der Apostelgeschichte nachlesen, aus denen stets ersichtlich wird, dass das Wesentliche für ihn darin besteht, Zeuge der Auferstehung zu sein. Ich möchte hier nur einen Text zitieren: Paulus war in Jerusalem verhaftet worden und stand nun als Angeklagter vor dem Hohen Rat. In dieser Situation, in der es für

Wir sind »gerechtfertigt«, das heißt gerecht gemacht.

ihn um Tod oder Leben geht, macht er deutlich, was Sinn und Inhalt seiner ganzen Verkündigung ist: »Wegen der Hoffnung und wegen der Auferstehung der Toten stehe ich vor Gericht« (Apg 23,6). Diesen Satz wiederholt Paulus ständig in seinen Briefen (vgl. 1 Thess 1,9; 4,13–18; 5,10), in denen er sich auch auf seine persönliche Erfahrung, auf seine persönliche Begegnung mit dem auferstandenen Christus beruft (vgl. Gal 1,15–16; 1 Kor 9,1).

»Christus ist auferstanden« auch für uns aktuell?

Aber wir können uns fragen: Worin besteht für den hl. Paulus der tiefe Sinn des Ereignisses der Auferstehung Jesu? Was sagt es uns im Abstand von zweitausend Jahren? Ist die Aussage »Christus ist auferstanden« auch für uns aktuell? Warum ist die Auferstehung für ihn und für uns heute ein so entscheidendes Thema? Auf diese Frage gibt Paulus am Anfang des Briefes an die Römer feierlich Antwort, wobei er sich zu Beginn auf das »Evangelium Gottes« bezieht, »das Evangelium von seinem Sohn, der dem Fleisch nach geboren ist als Nachkomme Davids, der dem Geist der Heiligkeit nach eingesetzt ist als Sohn Gottes in Macht seit der Auferstehung von den Toten« (Röm 1,3–4). Paulus weiß gut und sagt es viele Male, dass Jesus immer, vom Augenblick seiner Menschwerdung an, Gottes Sohn war. Die Neuheit der Auferstehung besteht darin, dass Jesus aus der Niedrigkeit seines irdischen Daseins erhöht und als Sohn Gottes »in Macht« eingesetzt wird. Der bis zum Tod am Kreuz erniedrigte Jesus kann jetzt zu den Elf sagen: »Mir ist alle Macht gegeben im Himmel und auf der Erde« (Mt 28,18). Es erfüllt sich, was Psalm 2,8 sagt: »Fordere von mir, und ich gebe dir die Völker zum Erbe, die Enden der Erde zum Eigentum.« Deshalb beginnt mit der Auferstehung die Verkündigung des Evangeliums Christi an alle Völker – es bricht das Reich Christi an, dieses neue Reich, das keine andere Macht kennt als die Macht der Wahrheit und der Liebe. Die Auferstehung offenbart also endgültig die wahre Identität und außerordentliche Gestalt des Gekreuzigten. Eine unvergleichliche und höchste Würde: Jesus ist Gott! Mehr als in der Menschwerdung offenbart sich für den hl. Paulus die geheimnisvolle Identität Jesu im Geheimnis der Auferstehung. Während der Titel Christus, das heißt der »Messias«, der »Gesalbte«, bei Paulus zum Eigennamen Jesu zu werden beginnt und der Beiname »Herr« auf seine persönliche Beziehung zu den Gläubigen hinweist, bezeichnet jetzt der Titel »Sohn Gottes« die innige Beziehung Jesu zu Gott, eine Beziehung, die im Ostergeschehen voll offenbar wird. Man kann also sagen, dass Jesus auferstanden ist, um Herr über Tote und Lebende (vgl. Röm 14,9; 2 Kor 5,15) oder, anders gesagt, unser Heiland zu sein (vgl. Röm 4,25).

Die Theologie des Kreuzes ist die Wirklichkeit des christlichen Lebens.

Dies alles hat wichtige Konsequenzen für unser Glaubensleben: Wir sind berufen, bis ins Innerste unseres Seins am gesamten Geschehen des Todes und der Auferstehung Christi teilzuhaben. Der Apostel sagt: Wir sind »mit Christus gestorben« und glauben, dass »wir auch mit ihm leben werden« (Röm 6,8–9). Das wird in eine Anteilnahme an den Leiden Christi umgesetzt, die jener vollen Gleichgestaltung mit ihm durch die Auferstehung vorausgeht, nach der wir voll Hoffnung streben. Und genau das ist auch dem hl. Paulus widerfahren, dessen persönliche Erfahrung in den Briefen in ebenso betrübten wie realistischen Tönen beschrieben wird: »Christus will ich erkennen und die Macht seiner Auferstehung und die Gemeinschaft mit seinen Leiden; sein Tod soll mich prägen. So hoffe ich, auch zur Auferstehung von den Toten zu gelangen« (Phil 3,10–11; vgl. 2 Tim 2,8–12). Die Theologie des Kreuzes ist keine Theorie – sie ist die Wirklichkeit des christlichen Lebens. Im Glauben an Jesus Christus zu leben, die Wahrheit und die Liebe zu leben, schließt täglich Verzicht und Leid ein. Das Christentum ist kein bequemer Weg, es ist vielmehr ein anstrengender, ein zu erklimmender steiler Weg, freilich erleuchtet vom Licht Christi und von der großen Hoffnung, die von ihm ausgeht.

Der hl. Augustinus sagt: Den Christen wird das Leiden nicht erspart, ja es trifft sie noch etwas mehr, denn den Glauben zu leben, ist Ausdruck des Mutes, sich dem Leben und der Geschichte mit größerer Tiefe zu stellen. Doch nur so, durch die Erfahrung des Leids, erkennen wir das Leben in seiner Tiefe, in seiner Schönheit, in der großen Hoffnung, die der gekreuzigte und auferstandene Christus weckt. Der Glaubende sieht sich also zwischen zwei Pole gestellt: auf der einen Seite die Auferstehung, die in gewisser Weise schon in uns gegenwärtig und wirksam ist (vgl. Kol 3,1–4; Eph 2,6); auf der anderen Seite die Dringlichkeit, sich in jenen Prozess einzubringen, der alle und alles zu der Fülle führt, wie sie im Brief an die Römer mit einem kühnen Bild beschrieben wird: Wie die ganze Schöpfung seufzt und in Geburtswehen liegt, so seufzen auch wir in Erwartung der Erlösung unseres Leibes, unserer Erlösung und Auferstehung (vgl. Röm 8,18–23).

Ist aber Christus nicht auferweckt worden, dann ist unsere Verkündigung leer.

Zusammenfassend können wir mit dem hl. Paulus sagen, dass der wahre Gläubige das Heil erreicht, wenn er mit seinem Mund bekennt, dass Jesus der Herr ist, und mit seinem Herzen glaubt, dass ihn Gott von den Toten auferweckt hat (vgl. Röm 10,9). Wichtig ist vor allem das Herz, das an Christus glaubt und im Glauben den Auferstandenen »berührt«; es genügt aber nicht, den Glauben im Herzen zu tragen, wir müssen ihn auch mit dem Mund bekennen und mit unserem Leben bezeugen und so die Wahrheit vom Kreuz und von der Auferstehung in unserer Geschichte gegenwärtig machen. Auf diese Weise bringt sich nämlich der Christ in jenen Prozess ein, dank dessen der erste Adam, der irdische, der dem Verderben und dem Tod ausgesetzt ist, in den letzten Adam, den himmlischen und unverweslichen, verwandelt wird (vgl. 1 Kor 15,20–22.42–49). Dieser Prozess hat mit der Auferstehung Christi begonnen, auf die sich daher die Hoffnung gründet, dass eines Tages auch wir mit Christus in unsere wahre Heimat eintreten können, die im Himmel ist. Von dieser Hoffnung getragen, gehen wir voll Mut und Freude unseren Weg weiter.

»Ist aber Christus nicht auferweckt worden, dann ist unsere Verkündigung leer und euer Glaube sinnlos« (1 Kor 15, 14). Diese Worte des heiligen Paulus machen deutlich, dass das Ausschlaggebende des christlichen Glaubens die Auferstehung Jesu ist. Christus, der uns durch die Hingabe am Kreuz seine bedingungslose Liebe gezeigt hat, er ist auferstanden und lebt unter uns. Auf dieser Tatsache baut Paulus seine Verkündigung auf. Der Apostel stützt sich hierbei mit großer Ehrfurcht auf die Tradition, die ihm vorausgeht. Gerade beim Thema der Auferstehung hebt er den Zusammenhang zwischen Empfangen und Weitergeben hervor; denn die Einheit der apostolischen Überlieferung steht über der persönlichen Darstellung des Ereignisses. Der Auferstandene ist den Aposteln mehrfach erschienen und hat so ihre Zeugenschaft gefestigt. Der erste Ausdruck dieses Zeugnisses ist die Predigt von der Auferstehung als Zusammenfassung des Evangeliums und Gipfel des Heilsweges. Diese führt zu einer lebendigen Begegnung mit Christus, in der sich der Auferstandene als Sohn Gottes, als Herr über Leben und Tod zeigt. Unsere menschliche Wirklichkeit ist für das Leben geschaffen und geht in Christus insgesamt auf Gott zu; wir dürfen teilhaben an seinem Heilswerk: Wenn wir auch in dieser Welt nicht immer vom Leiden verschont bleiben, so trägt uns doch die Hoffnung, dass wir an seinem Leben in Fülle Anteil erhalten werden. Wie Paulus sagt: »Sind wir mit Christus gestorben, so glauben wir auch, dass wir mit ihm leben« (Röm 6, 8).

Generalaudienz am 5. November 2008

Wie wird die Auferstehung für uns sein?

»Heiliger Vater, als die Frauen an das Grab kommen, am Sonntag nach dem Tod Jesu, erkennen sie den Meister nicht, sondern verwechseln ihn mit jemand anderem. Dasselbe passiert auch den Aposteln: Jesus muss seine Wundmale zeigen, das Brot brechen, um eben durch die Gesten erkannt zu werden. Es ist ein wahrer, fleischlicher Leib, aber auch ein verherrlichter Leib. Was bedeutet es, dass sein auferstandener Leib nicht mehr so beschaffen ist wie der vorherige? Was heißt ›verherrlichter Leib‹ genau? Wird so die Auferstehung für uns sein?«

Heiliger Vater: Wir können natürlich nicht sagen, was genau der verherrlichte Leib ist, denn das übersteigt unsere Erfahrungen. Wir können nur die Zeichen lesen, die Jesus uns gegeben hat, um wenigstens ein bisschen zu verstehen, in welcher Richtung wir diese Wirklichkeit zu suchen haben. Erstes Zeichen: Das Grab ist leer. Jesus hat also seinen Leib nicht der Verwesung überlassen, er hat uns gezeigt, dass auch die Materie für die Ewigkeit bestimmt ist, dass der Leib wirklich auferstanden ist, dass er nicht verloren geht. Jesus hat auch die Materie mit sich genommen, und so ist auch der Materie die Ewigkeit verheißen. Aber dann hat er diese Materie in einem neuen Daseinszustand angenommen, das ist der zweite Punkt: Jesus stirbt nicht mehr, er steht also über den Gesetzen der Biologie, der Physik, denn solange man diesen unterworfen ist, stirbt man. Es gibt also einen neuen, einen anderen Zustand, den wir nicht kennen, der sich jedoch in Jesus zeigt, und es ist die große Verheißung für uns alle, dass es eine neue Welt, ein neues Leben gibt, zu dem wir alle unterwegs sind. Und in diesem Zustand kann Jesus sich berühren lassen, den Seinen die Hand reichen, mit den Seinen essen, steht aber dennoch über dem Zustand des biologischen Lebens, wie wir es leben. Und wir wissen, dass er andererseits ein wahrer Mensch und kein Geist ist. Er lebt ein wahres Leben, aber ein neues Leben, das nicht mehr dem Tod unterworfen und das unsere große Verheißung ist. Es ist wichtig, das – wenigstens soweit wie möglich – im Hinblick auf die Eucharistie zu verstehen: In der Eucharistie schenkt uns der Herr seinen verherrlichten Leib, er gibt uns kein Fleisch im biologischen Sinne zu essen, sondern er gibt uns sich selbst, die Neuheit, die er ist. Er kommt als Person in unser Menschsein herein, in unser, in mein Personsein, und er berührt uns innerlich mit seinem Sein, damit wir uns von seiner Gegenwart durchdringen, in seiner Gegenwart verwandeln lassen können. Das ist ein wichtiger Punkt, denn so stehen wir bereits in Kontakt mit diesem neuen Leben, dieser neuen Lebensform, da er in mich hereingekommen ist und ich aus mir herausgekommen bin und mich nach einer neuen Dimension des Lebens ausstrecke. Ich glaube, dass dieser Aspekt der Verheißung, die Tatsache, dass er sich mir hinschenkt und mich aus mir herausholt, der wichtigste Punkt ist: Es geht nicht darum, Dinge zu erfahren, die wir nicht verstehen können, sondern zu der Neuheit unterwegs zu sein, die immer wieder aufs Neue in der Eucharistie beginnt.

In der Eucharistie schenkt uns der Herr seinen verherrlichten Leib.

Interview in der italienischen Fernsehsendung „A sua immagine domande su Gesù" am 22. April 2011

Richten wir unseren Blick auf den Himmel

Wie also können wir Ostern zum »Leben« werden lassen? Wie kann unsere ganze innere und äußere Existenz eine österliche »Form« annehmen? Wir müssen vom wahren Verständnis der Auferstehung Jesu ausgehen: Dieses Ereignis ist nicht einfach nur eine Rückkehr zum vorherigen Leben, wie es bei Lazarus, bei der Tochter des Jaïrus oder beim jungen Mann in Naïn der Fall war, sondern es ist etwas völlig neues und anderes. Die Auferstehung Christi ist das Eingehen in ein Leben, das nicht mehr der Hinfälligkeit der Zeit unterworfen ist, ein in die Ewigkeit Gottes hineingenommenes Leben. In der Auferstehung Jesu beginnt eine neue Form des Menschseins, die unseren täglichen Weg erleuchtet und verwandelt und der gesamten Menschheit eine qualitativ andere und neue Zukunft eröffnet. Der hl. Paulus verbindet daher die Auferstehung der Christen nicht nur untrennbar mit der Auferstehung Jesu (vgl. 1 Kor 15,16.20), sondern er zeigt auch, wie wir das Ostergeheimnis in unserem Alltag leben sollen. Im Brief an die Kolosser sagt er: »Ihr seid mit Christus auferweckt; darum strebt nach dem, was im Himmel ist, wo Christus zur Rechten Gottes sitzt.

Richtet euren Sinn auf das Himmlische und nicht auf das Irdische!« (3,1–2). Wenn man diesen Text liest, könnte es auf den ersten Blick scheinen, dass der Apostel der Verachtung der irdischen Gegebenheiten Vorschub leisten will und dazu auffordert, diese Welt des Leidens, der Ungerechtigkeit, der Sünden zu vergessen, um schon im Voraus in einem himmlischen Paradies zu leben.

Um jedoch den wahren Sinn dieser paulinischen Worte zu erfassen, genügt es, sie nicht aus dem Kontext herauszunehmen. Der Apostel erläutert sehr genau, was er mit dem »Himmlischen«, nach dem der Christ streben soll, und mit dem »Irdischen«, vor dem er sich hüten soll, meint. Vor allem folgende Dinge, so der hl. Paulus, sind das »Irdische «, das man meiden muss: »Tötet, was irdisch an euch ist: die Unzucht, die Schamlosigkeit, die Leidenschaft, die bösen Begierden und die Habsucht, die ein Götzendienst ist« (3,5). Das unersättliche Verlangen nach materiellen Gütern, der Egoismus, die Wurzel aller Sünde, muss in uns getötet werden. Wenn also der Apostel die Christen auffordert, sich mit Entschiedenheit vom »Irdischen« zu lösen, dann meint er damit ganz klar das, was zum »alten Menschen« gehört, den der Christ ablegen soll, um Christus als Gewand anzulegen.

Richtet euren Sinn auf das Himmlische und nicht auf das Irdische! (Kol 3,2)

Ebenso deutlich wie er gesagt hat, an welche Dinge man sein Herz nicht hängen soll, zeigt uns der hl. Paulus auch, was das »Himmlische« ist, nach dem wiederum der Christ streben und das er genießen soll: Es ist das, was zum »neuen Menschen« gehört, der in der Taufe ein für allemal Christus als Gewand angelegt hat, jedoch stets »nach dem Bild seines Schöpfers« erneuert werden muss (Kol 3,10). Der Völkerapostel beschreibt dieses »Himmlische« folgendermaßen: »Ihr seid von Gott geliebt, seid seine auserwählten Heiligen. Darum bekleidet euch mit aufrichtigem Erbarmen, mit Güte, Demut, Milde, Geduld! Ertragt euch gegenseitig und vergebt einander (...) Vor allem aber liebt einander, denn die Liebe ist das Band, das alles zusammenhält und vollkommen macht« (Kol 3,12–14). Es liegt dem hl. Paulus also fern, die Christen, einen jeden von uns, aufzufordern, die Welt zu verlassen, in die Gott uns gestellt hat. Zwar sind wir Bürger einer anderen »Stadt«, in der sich unsere wahre Heimat befindet, aber den Weg auf dieses Ziel hin müssen wir täglich auf dieser Erde beschreiten. Während wir schon jetzt am Leben des auferstandenen Christus teilhaben, sollen wir als neue Menschen in dieser Welt, mitten in der irdischen Stadt, leben. Und das ist der Weg, um nicht nur uns selbst, sondern die ganze Welt zu verwandeln, um der irdischen Stadt ein neues Antlitz zu schenken, das die Entwicklung des Menschen und der Gesellschaft fördert, nach der Logik der Solidarität, der Güte, der tiefen Achtung gegenüber der Würde, die jedem Menschen zu eigen ist. Der Apostel ruft uns ins Gedächtnis, welche Tugenden das christliche Leben begleiten müssen; an der Spitze steht die Liebe, auf die alle anderen als ihre Quelle und Urform Bezug nehmen. Sie fasst das »Himmlische« in sich zusammen: die Liebe, die mit dem Glauben und der Hoffnung die große Lebensregel des Christen darstellt und sein tiefstes Wesen ausmacht.

Die Liebe ist das Band, dass alles zusammenhält und vollkommen macht (Kol 3,14).

Ostern bringt also die Neuheit eines tiefen und vollkommenen Übergangs von einem Leben, das der Knechtschaft der Sünde unterworfen ist, zu einem Leben in Freiheit, das von der Liebe beseelt ist – der Kraft, die alle Mauern niederreißt und im eigenen Herzen sowie in der Beziehung zu den anderen und zu den Dingen neue Eintracht schafft. Wenn er diesen Übergang der Auferstehung lebt, ist jeder Christ ebenso wie jede Gemeinschaft ein neuer Sauerteig in der Welt, indem er sich vorbehaltlos den dringenden und rechten Anliegen widmet, wie die Zeugnisse der Heiligen zu jeder Zeit und an allen Orten zeigen.

Auch in unserer Zeit gibt es viele Erwartungen: Wenn wir Christen fest daran glauben, dass die Auferstehung Christi den Menschen erneuert hat, ohne ihn aus der Welt zu nehmen, in der sich seine Geschichte abspielt, müssen wir leuchtende Zeugen dieses neuen Lebens sein, das Ostern gebracht hat. Ostern ist also ein Geschenk, das immer tiefer im Glauben angenommen werden

muss, um durch die Gnade Christi in allen Situationen der Logik Gottes, der Logik der Liebe gemäß handeln zu können. Das Licht der Auferstehung Christi muss unsere Welt durchdringen, es muss als Botschaft der Wahrheit und des Lebens durch unser tägliches Zeugnis alle Menschen erreichen.
[...] Ja, Christus ist wahrhaft auferstanden! Wir dürfen das Leben und die Freude, die er uns in seinem Ostern geschenkt hat, nicht nur für uns behalten, sondern müssen sie allen schenken, denen wir begegnen. Das ist unsere Aufgabe und unsere Sendung: im Herzen unseres Nächsten die Hoffnung auferstehen zu lassen, wo Verzweiflung ist, die Freude, wo Traurigkeit ist, das Leben, wo der Tod ist. Jeden Tag die Freude des auferstandenen Herrn zu bezeugen bedeutet, stets »österlich« zu leben und die frohe Botschaft zu verkündigen, dass Christus keine Idee oder Erinnerung an die Vergangenheit ist, sondern eine Person, die mit uns, durch uns und in uns lebt. Und mit ihm, durch ihn und in ihm können wir alles neu machen (vgl. Offb 21,5).

Generalaudienz am 27. April 2011